dtv

»Stille und Ruhe bringen die ganze Welt ins rechte Maß zurück«, sagt Laotse – doch im hektischen Alltag zu uns selbst zu finden, ist gar nicht so einfach. Dabei bereichern kleine Pausen das Leben ungemein. Sie schenken Gelassenheit und sorgen für innere Balance. Ob es um die eigene oder die Zeit mit anderen geht, um den Weg nach innen oder zu äußeren Kraftorten, Bettina Lemke leitet dazu an, im Moment zu verweilen, auf eine gute Selbstfürsorge zu achten und die Leichtigkeit des eigenen Seins zu fördern. Atementspannung, Yoga in der Mittagspause, Malmeditation, Dankbarkeitstagebuch, Sinnlichkeit leben, im Flow sein – das Buch liefert viele Ideen, den Geist neu auszurichten, auch mal Ungewöhnliches zu wagen und sich den eigenen Träumen ebenso zu widmen wie den Wundern des Alltags.

*Bettina Lemke* ist freie Lektorin, Übersetzerin und Autorin. Veröffentlichungen u.a.: ›Der kleine Taschenbuddhist‹ (dtv 34568); ›Der kleine Glücksberater‹ (dtv 34663) und ›Der kleine Taschenoptimist‹ (dtv 34863).

Bettina Lemke

# Geschenke für die Seele

## Wohlfühlmomente für jeden Tag

dtv

Ausführliche Informationen über
unsere Autoren und Bücher
www.dtv.de

MIX
Papier aus verantwortungsvollen Quellen
FSC® C019821



Originalausgabe

Umschlag-, Innengestaltung und Satz: Sabine Kwauka
Gesetzt aus der Thesis
Druck und Bindung: Druckerei C.H.Beck, Nördlingen
Gedruckt auf säurefreiem, chlorfrei gebleichtem Papier
Printed in Germany · ISBN 978-3-423-28100-3

*Der ideale Tag wird nie kommen.*
*Er ist heute, wenn wir ihn dazu machen.*
HORAZ

INHALTSVERZEICHNIS

# INNERE BALANCE ENTWICKELN

Häufig ist unser Leben heute von einem sehr schnellen Rhythmus geprägt. Ein Termin jagt den anderen, zahlreiche E-Mails überfluten die Eingangspostfächer, kaum hat man ein paar Dinge abgearbeitet, füllen sich Erledigungslisten schon wieder mit neuen Aufgaben. Im Handyzeitalter sind viele Menschen ständig erreichbar und somit in einer Art Dauerbereitschaft. Manchmal ist unser Alltag mit all seinen Anforderungen extrem hektisch und hält uns so stark auf Trab, dass es unserer Seele angesichts dieses Tempos schwerfällt hinterherzukommen. Damit Anspannung und Stress nicht überhandnehmen, sollten wir regelmäßig innehalten, runterfahren, uns kleine Auszeiten gönnen und unsere Gedanken zur Ruhe bringen – und zwar möglichst bevor unsere Batterien leer sind und sich ein Gefühl des Ausgebranntseins einstellt.

Achten Sie stets auf eine gute Selbstfürsorge und auf den Rhythmus Ihrer Seele. Fördern Sie die Verbindung zu sich selbst, zum Beispiel durch die Schulung Ihrer Achtsamkeit, tanken Sie rechtzeitig auf, nehmen Sie sich immer wieder Zeit für die schönen Dinge des Lebens und geben Sie Ihren Träumen und Herzenswünschen genügend Raum, um sich zu entfalten.

Schenken Sie Ihrer Seele zahlreiche wunderbare Momente, lassen Sie sich von den folgenden Seiten anregen und bereichern Sie Ihr Leben mit der Leichtigkeit des Seins, innerer Balance und Erfüllung.

# SO NAH
# UND SO URLAUB

Die wahre
Entdeckungsreise
besteht nicht darin,
neue Landschaften
zu suchen, sondern mit
anderen Augen
zu sehen.

Marcel Proust

# FREIHEIT MIT FAHRRAD

Viele fantastische Urlaubsziele liegen in unserem unmittelbaren Einzugsbereich, quasi »vor der Haustüre« und sind ohne Hektik und Verkehrsstau zu erreichen.

Mit dem Fahrrad können wir selbst trubelige Ballungsgebiete hinter uns lassen, uns abseits stark befahrener Straßen im eigenen Rhythmus vorwärtsbewegen, den Blick über bunte Blumenwiesen, gelbe Stoppelfelder, weite Auen- oder Berglandschaften schweifen lassen, unerwartete Entdeckungen am Wegesrand machen, einen spontanen Stopp in einem Landgasthof einlegen, nach Lust und Laune zusätzliche Schlenker zu einem Kloster, einer Burg, einer netten Töpferei, einer hübschen Kunstgalerie oder anderen Sehenswürdigkeiten auf dem Weg »einbauen«.

Vielleicht ist das Ziel ein Picknickplatz am Fluss, eine Badebucht am See, eine kleine Wallfahrtskapelle, ein schattiger Biergarten, ein Berggipfel, der mit dem Mountainbike erreichbar ist – und auf einer mehrtägigen Fahrradtour eine gemütliche Unterkunft, in der man den Tag in Ruhe ausklingen lassen kann ...

Und vielleicht ziehen Sie mit Ihrem Rad hin und wieder auch mit einem Abenteurergeist ohne festgelegtes Ziel los und fahren einfach, »so weit die Pedale Sie tragen«.

*Mit dem Fahrrad unterwegs sein, das heißt, an einem heißen Tag den kühlen Fahrtwind genießen, nach Belieben den eigenen Gedanken nachhängen, das Gefühl schier grenzenloser Freiheit auskosten und den traumhaftesten Platz auf der Route zum Rasten auswählen.*

FLOWERS

# GÄRTNERN
## FÜR DIE SEELE

Lust auf »grünen« Ausgleich? Darauf, mit den Händen in der Erde zu buddeln und zu beobachten, wie aus einem Samenkorn eine üppige Pflanze wird? Kleine Setzlinge umtopfen, Schnittlauch, Dill und Zitronenthymian aus dem Kräuterbeet ernten, rote, sonnengewärmte Cocktailtomaten vom Balkon in den Mund pflücken ... den süßen Duft von Rosen schnuppern, das leuchtende Gelb von Sonnenblumen in sich aufsaugen, die Jahreszeiten im Mikrokosmos des eigenen kleinen Gartenreiches erleben ...

*Gärtnern bedeutet runterfahren, abschalten von der Hektik des Alltags, sich in der Kunst der Langsamkeit üben, kreativ werden, unmittelbare Erfüllung finden, sich am satten Grün und den leuchtenden Farben der Blumen laben, mit allen Sinnen spüren ...*

# IM TREND:
# URBAN GARDENING

Selbst in der Stadt lassen sich je nach Platz fast überall kleinere oder größere Gartenparadiese schaffen. Der Fantasie sind dabei keine Grenzen gesetzt. Ob Sie sich lediglich ein paar Kräutertöpfe vor das Fenster hängen, bunte Blumen in Kübeln auf dem Balkon oder der Dachterrasse pflanzen, ein Hochbeet aus dem Baumarkt zusammenschrauben und darin Salate, Gurken, Paprikaschoten und Bohnen ziehen oder ob Sie mit Ihrer Hausgemeinschaft den Innenhof in eine grüne Oase verwandeln oder gar einen vertikalen Garten an der Fassade Ihres Wohnhauses gestalten – es gibt unendlich viele zauberhafte Möglichkeiten, den eigenen grünen Daumen zum Einsatz kommen zu lassen.

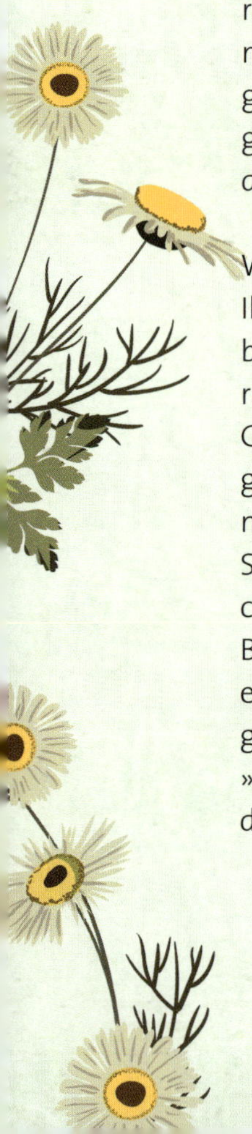

Wenn Sie eine Gärtnerseele haben, die sich ausleben möchte, in Ihrem unmittelbaren Wohnumfeld aber keine Möglichkeit dazu besteht, weil Sie keinen Balkon, geschweige denn eine Dachterrasse haben oder weil Ihre Hausgemeinschaft – aus welchen Gründen auch immer – etwas dagegen hat, dass der Hof begrünt wird, können Sie sich einer Gartengemeinschaft oder einer »Guerilla-Gartengruppe« anschließen, die es in zahlreichen Städten bereits gibt. Diese Initiativen nutzen freie urbane Flächen zum Anbau von Gemüse oder verwandeln sie in schmucke Blumeninseln, um dem tristen Beton oder Asphalt in der Stadt etwas entgegenzusetzen. Im Internet finden Sie solche Gartengruppen zum Beispiel unter den Begriffen »Urban Gardening«, »Urbanes Gärtnern«, »Guerilla Gardening« in Kombination mit dem Namen Ihrer Stadt.

*Und für diejenigen, die etwas Blumenfreude in ihr Einzimmerapartment bringen wollen, ohne sich die nötigen Utensilien dafür einzeln zusammenzusuchen: Es gibt praktische »Pflanzsets« oder »Pflanzkits« (unter diesen Suchbegriffen ebenfalls im Internet zu finden), die kleine Töpfe, Erde und Samen beziehungsweise Blumenzwiebeln enthalten und sich für den Mini-Fensterbank- oder Balkongarten eignen oder sogar vertikal in der Wohnung an einer Wand angebracht werden können (Stichwort: »Vertikales Pflanzkit«).*

## LASSEN SIE IHRER GÄRTNERSEELE FREIEN LAUF

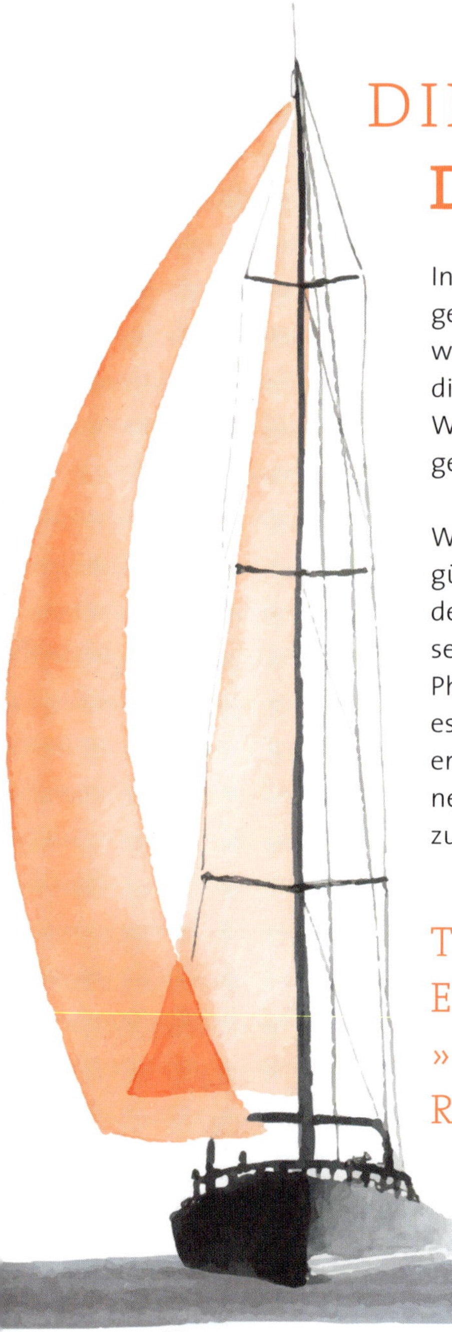

# DIE PHILOSOPHIE **DES »SEGELNS«**

In Balance bleiben, dafür sorgen, dass die eigenen Batterien nicht übermäßig strapaziert werden, der Alltag uns nicht überfordert oder die Belastungen zu sehr überhandnehmen. Wichtig ist, rechtzeitig und regelmäßig gegenzusteuern und für Ausgleich zu sorgen.

Wenn Sie ein paar grundlegende, immer gültige Prinzipien beachten, sind Sie auf dem besten Weg, sich Ihr körperliches und seelisches Gleichgewicht zu bewahren. Die Philosophie des »SEGELNS« umfasst sechs essenzielle Säulen des Wohlbefindens und erinnert Sie daran, sich Zeit für sich selbst zu nehmen und auf eine gute Selbstfürsorge zu achten:

## TUN SIE SICH ETWAS GUTES UND »SEGELN« SIE REGELMÄSSIG!

**S**CHLAFEN — Guter, erholsamer Schlaf ist die Basis für fast alles.

**E**SSEN — Achten Sie auf eine ausgewogene Ernährung und nehmen Sie die Mahlzeiten so oft wie möglich mit Zeit und Ruhe zu sich.

**G**EHEN — Ausreichende, regelmäßige Bewegung – ob spazieren gehen, wandern, joggen ... – fördert die Gesundheit, hebt die Stimmung und klärt den Geist.

**E**RFÜLLUNG FINDEN — Etwas für Herz und Seele! Tun Sie Dinge, die Ihnen Spaß machen und Erfüllung schenken. Ohne Inspiration, Begeisterung und Freude wäre das Leben ziemlich grau und trist.

**L**IEBE — Was wäre die Welt ohne Liebe? Begegnen Sie Ihren Mitmenschen mit einer offenen, herzlichen Grundhaltung, bringen Sie Familienmitgliedern und Freunden ehrliche Anteilnahme entgegen, mehren, fördern und leben Sie die Liebe, wo immer es geht, und öffnen Sie Ihr Herz, wenn die Liebe auf Sie zukommt.

**N**ICHTS TUN — Mit gutem Gewissen faulenzen, abhängen, Seele baumeln lassen. Häufig schenken solche (notwendigen!) Pausen neue Motivation, Kreativität und Schwung.

*Eine Ballonfahrt ist nur eine von zahllosen spannenden Möglichkeiten, etwas Neues, Ungewöhnliches, Abenteuerliches, Faszinierendes, Atemberaubendes, Inspirierendes, Glücksgefühle Auslösendes im näheren Umfeld zu erleben.*

# SCHWERELOS **ABHEBEN**

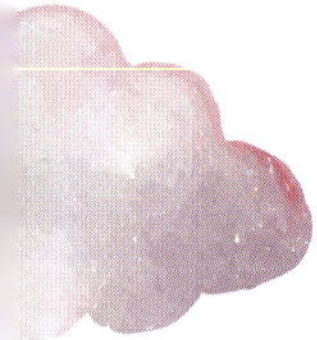

Eine Fahrt mit dem Heißluftballon gehört sicherlich zur Kategorie »Sich etwas Besonderes gönnen«, zugleich ist es ein unvergessliches Erlebnis, dessen Wirkung noch lange anhalten wird. Aufgrund der Thermik finden Ballonfahrten im Sommer in der Regel bei Sonnenaufgang oder ein paar Stunden vor Sonnenuntergang statt.

# SUNRISE

Schon vor Sonnenaufgang in der Morgenfrische unterwegs sein, wenn die Welt einem fast noch alleine gehört. Mit den ersten Lichtstrahlen auf einer grünen Wiese stehen und gebannt zusehen, wie die riesige Ballonhülle sich immer mehr aufbläht, bis sie sich schließlich aufrichtet und, wie von magischer Hand gehalten, schwebend in der Luft steht. Dann heißt es in den Korb hineinklettern, um kurz darauf sanft in den Himmel aufzusteigen.

Unten ziehen Felder und Wiesen, Wälder und Seen vorbei. Flüsse mäandern glänzend und unbeirrt durch Landschaft, Dörfer, Städte – streben ruhig und beharrlich ihrem fernen Ziel, dem Meer entgegen. Je höher der Ballon steigt, desto mehr schweift der Blick in die Ferne, desto weiter wird der Horizont.

Hier, zwischen Himmel und Erde darf man – dem Alltag enthoben – einfach staunen, genießen, da sein, hier scheint die Zeit auf wundersame Weise stillzustehen ...

# SUNSET

Eine Ballonfahrt vor Sonnenuntergang hat ihre ganz eigene Atmosphäre. In der Abendstimmung sind Erde, Himmel und Wolken in ein sanftes Licht getaucht, allmählich verschwimmen die Konturen.
Beglückende Ausblicke bieten sich aus der Vogelperspektive auf eine Welt, in der wieder ein Tag langsam zur Neige geht. Hier oben, über den Dingen, stellt sich leicht ein erhabenes Gefühl der Freiheit ein, das noch lange nachwirken wird.

# EIN TAG
# **AUF DEM WASSER**

Ob mit einem Kanu, Schlauchboot, einem Surfbrett oder einer Luftmatratze – ein Tag auf dem Wasser hat eine fantastische regenerierende Wirkung.

# ÖFTER MAL WAS NEUES

Vielleicht haben Sie ja Lust, das trendige Stand-up-Paddeln auszuprobieren. An vielen Seen gibt es bereits Verleihstationen für Stand-up-Boards (eine Art Surfbrett mit Stechpaddel), sodass man diese äußerst entspannende Art der Fortbewegung auf dem Wasser unkompliziert für sich testen kann.

Diese Sportart ist für jeden mit einer gewissen Beweglichkeit geeignet. Die Grundtechniken lassen sich ohne Vorkenntnisse in der Regel bereits innerhalb eines halben Tages erlernen. Und danach ist es jedem selbst überlassen, wie anstrengend oder gemütlich er seine Stehpaddel-Erfahrung gestalten will.

Auf dem Board stehend kann man wunderbar kontemplativ und in gewisser Weise etwas »erhaben« über einen See dahingleiten und den Blick dabei in die Ferne schweifen lassen. Oder man lässt sich – in einem etwas fortgeschritteneren Stadium – einen ruhigen Flusslauf hinuntertreiben. Wahre Könner üben sich mit ihren Boards beim Wellenreiten oder sogar im Wildwasser.

Das Stand-up-Paddeln ist eine naturnahe Sportart, mit der man schonend und effektiv einen großen Teil der Muskulatur trainiert – vor allem Rücken-, Bauch-, Arm- und Beinmuskeln – und zudem sein Gleichgewichtsgefühl fördert.

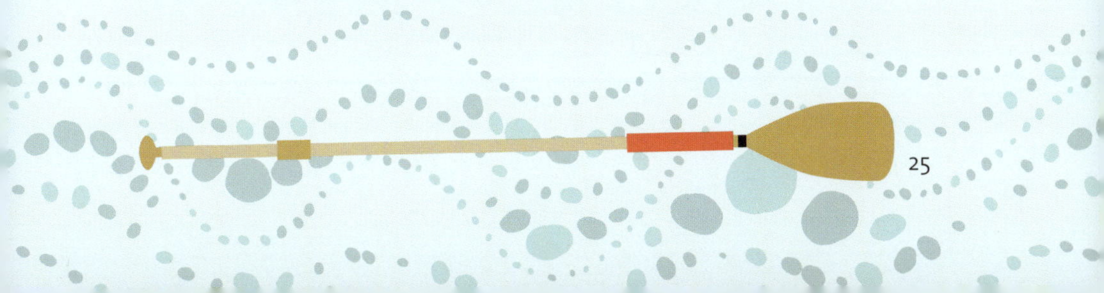

*Die Stille ist ein wesentliches*
*Element der Ruhe; man kann sie*
*nicht erzwingen, nur annehmen,*
*wenn sie über einen kommt.*
*Aber wenn Sie intensiv lauschend*
*danach suchen, dann finden*
*Sie sie sogar dort, wo Sie sie nicht*
*erwartet hätten.* PAUL WILSON

# INSELN DER RUHE

Es tut gut, sich zwischendurch kleine Auszeiten von der Alltagshektik und dem Lärm zu nehmen, der uns häufig umgibt. Unser Geist und unsere Nerven sehnen sich danach, abzuschalten und dem ständigen Bombardement mit Geräuschen, Bildern und Informationen zu entkommen.

Selbst in der Stadt lassen sich Oasen der Ruhe finden: Große Parkanlagen bieten sich für erholsame Spaziergänge, ausgedehntes »Parkbanksitzen«, ein Nickerchen auf der Wiese oder ein paar Yogaübungen an. Botanische Gärten locken mit ihrer erstaunlichen Pflanzenvielfalt und Blütendüften, die wir ganz in unserem eigenen Rhythmus genießen können. So mancher Friedhof schirmt, von hohen Mauern umgeben, den Lärm der Stadt weitgehend ab und strahlt mit uralten, von Moos und Efeu bewachsenen Grabsteinen eine eigene, stille Atmosphäre aus. Brunnen und Wasserspiele in Schlossgärten oder Innenhöfen öffentlicher Gebäude verwöhnen unsere Ohren mit dem sanft plätschernden Klang des Wassers und wirken harmonisierend auf Geist und Seele.

Steht Ihnen der Sinn nicht danach, sich draußen aufzuhalten, oder ist das Wetter dafür zu kalt, zu nass oder schlicht zu ungemütlich, können Lesesäle von Bibliotheken, Museumsräume oder auch Kirchen Orte sein, an denen Sie wieder zur Stille und damit zu sich selbst finden.

Fast schon »Geheimtipps« sind besonders ruhige Cafés sowie die Lounges und Dachterrassen-Bars von Hotels, die zu manchen Tageszeiten nur wenig besucht und auch Gästen zugänglich sind, die nicht im Hotel wohnen.

*Machen Sie sich gezielt auf die Suche nach Ihren persönlichen Ruheinseln und gönnen Sie sich dort regelmäßig kleine Urlaubsmomente.*

*Tragen Sie in die folgende Liste Ihre fünf Lieblingsruheinseln ein und erinnern Sie sich daran, diese von Zeit zu Zeit aufzusuchen.*

## MEINE LIEBLINGSRUHEINSELN

# DIE KUNST **DES MÜSSIGGANGS**

Häufig sind unsere Tage extrem durchgeplant. Etwa wenn sich im Job wieder einmal ein Termin an den nächsten reiht. Wenn nach einem Teammeeting das E-Mail-Postfach überquillt, zahlreiche Anrufer dringend auf einen Rückruf warten und überdies ein eiliges Projekt abgegeben werden muss. Im Idealfall machen die Meetings uns Spaß, sprechen wir gerne mit unserem telefonischen Gegenüber, beantworten wir geschwind die eingegangenen E-Mails und erledigen unsere Arbeit mit Leichtigkeit und voller Elan. Doch nicht selten geht es nach der Arbeit ebenso »getaktet« weiter, und auch das Privatleben ist gefüllt mit zahlreichen Aktivitäten – einkaufen, Kinder abholen, Haushaltskram erledigen, kochen, SMS beantworten, Steuererklärung erstellen, Hemden/Blusen bügeln, ins Fitnessstudio gehen oder andere Freizeittermine wahrnehmen, den nächsten Urlaub planen oder den Koffer für eine Geschäftsreise packen …

Wenn Sie mit viel Zeit, aber ohne konkreten Plan und Ziel unterwegs sind, verändert sich Ihre Sicht auf die Welt, und neue Türen können sich öffnen.

Selbst wenn Sie Ihren Alltag mit all seinen Anforderungen gut und relativ stressfrei auf die Reihe bekommen, sollten Sie sich hin und wieder in der Kunst des Müßiggangs üben, im buchstäblichen Sinne öfter mal die Füße hochlegen und Zeiten genießen, in denen Sie nichts Konkretes geplant haben. So richtig schön faulenzen, in den Tag hineinleben, Ihre Lieblingsmusik hören – und zwar ohne gleichzeitig drei andere Dinge zu tun.

Natürlich können Sie auch aus dem Haus gehen, wenn Sie Lust dazu haben. Aber lassen Sie sich ruhig mal ziellos treiben. Bewundern Sie individuell gestaltete Stadtteil-Hinterhöfe, besuchen Sie einen Kunsthandwerker- oder Mittelaltermarkt, bummeln Sie auf einem Flohmarkt herum, tauchen Sie ein in die bunte Welt aus Trödel und Kunst, Antiquitäten und Selbstgemachtem und entdecken Sie dabei Fundstücke oder Raritäten. Schlendern Sie durch ein Stadtviertel, das Sie noch nicht so gut kennen, und steuern Sie dort nach Belieben ein Café an, das Sie spontan lockt. Nehmen Sie eine andere Spazierroute als sonst üblich. Folgen Sie stets Ihrem Gefühl und genießen Sie Ihre freien Stunden ohne Verpflichtungen.

Entspanne dich,
lass das Steuer los,
trudle durch die Welt,
sie ist so schön.

*Kurt Tucholsky*

# AUF EINEN **SUNDOWNER** IN DER BEACHBAR

Im Urlaub am Meer lassen viele Menschen den Tag gerne in geselliger Runde mit einem Sundowner an der Beachbar ausklingen. Zum Sonnenuntergang genehmigt man sich den passenden farbenfrohen Cocktail oder ein anderes kühles Getränk, lässt die Erlebnisse des Tages noch einmal Revue passieren und beobachtet im Idealfall, wie die untergehende Sonne den Himmel in leuchtenden Orange- oder Rottönen erstrahlen lässt und selbst herrlich kitschig im Meer versinkt.

Für ein ähnlich entspanntes Urlaubsgefühl können Sie auch zu Hause sorgen. Schließen Sie Ihre Arbeit oder andere Dinge, die Sie tagsüber beschäftigt haben, zunächst bewusst ab. Blicken Sie mit einem Gefühl der Zufriedenheit auf das, was Sie erreicht haben, und ärgern Sie sich nicht länger, wenn etwas an diesem Tag nicht so gut geklappt hat. Lassen Sie los, schalten Sie ab und kosten Sie den Abend so richtig aus.
In vielen Städten gibt es im Sommer Beachbars – häufig an einem Fluss, mit echtem Sand, Liegestühlen, Strandkörben, Sonnenschirmen und einem Hauch Karibikfeeling. Treffen Sie sich dort mit ein paar netten Leuten auf einen Sundowner und verleihen Sie einem ganz normalen Abend eine gute Portion Urlaubsatmosphäre.

Lehnen Sie sich entspannt zurück, chillen Sie, genießen Sie den Sonnenuntergang und lassen Sie es sich gut gehen.

*Die schöne Tradition des Sundowners lässt sich natürlich auch wunderbar auf dem Balkon, der Terrasse, auf dem Dach eines Hochhauses und an allen möglichen sonstigen illustren Orten zelebrieren.*

# COCKTAILREZEPT ZUM SELBERMIXEN

## HUGO

- 3 Blätter Minze (im Glas mit einem Holzstößel oder einem Teelöffel leicht andrücken),
- Limettenscheibe und zerstoßenes Eis oder Eiswürfel dazugeben.
- Mit 2 cl Holunderblütensirup,
- 150 ml Prosecco und
- 100 ml Mineralwasser mit viel Kohlensäure auffüllen.

### FERTIG IST DER HUGO

Für einen alkoholfreien Hugo ersetzen Sie den Prosecco einfach durch alkoholfreien Sekt, Ginger Ale oder Tonic Water.

# VOM GLÜCK, EIN BUCH ZU LESEN

Eintauchen in fantastische Welten, aufregende Abenteuer erleben, mit skurrilen Kommissaren die aberwitzigsten Mordfälle aufklären, das Gänsehautfeeling beim Lesen eines packenden Thrillers genießen, sich von der genialen Schreibkunst grandioser Autoren begeistern lassen, vor lauter Spannung Zeit und Raum um sich herum vergessen ...

Lesen ist Urlaub vom Alltag, Genuss, Inspiration, Futter fürs Gemüt, für Herz, Verstand und Kreativität. Es ist Leidenschaft, Erkenntnisgewinn, Schwelgen in Emotionen, kathartisches Erleben, Vergnügen und Lust, Aufregung, Herzklopfen, Trost – und immer wieder ein Segen für Geist und Seele.

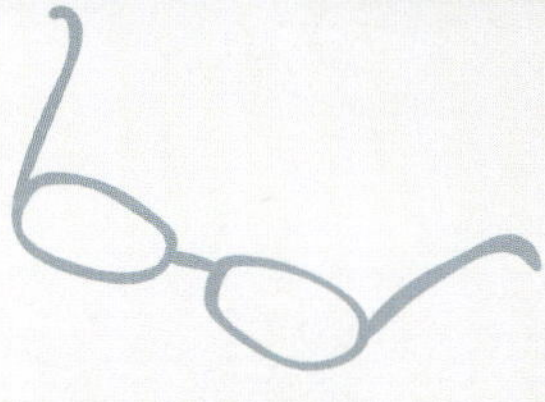

Bücher sind Tore zu einem unendlichen Kosmos. Sie entführen uns innerhalb eines kurzen Moments an die schillerndsten Orte. Mit ihnen »sind wir dann mal weg«, reisen durch »Mittelerde«, steigen mit »Hundertjährigen aus dem Fenster« oder erforschen das »Geheime Leben der Bäume«. Mal erleben wir bei der Lektüre die erhabensten Höhenflüge des menschlichen Geistes, dann wieder loten wir gemeinsam mit den Autoren die tiefsten Abgründe der menschlichen Seele aus, durchleiden die Qualen tragischer Protagonisten und feiern Triumphe mit stolzen Helden und mutigen Abenteurern.

Klinken Sie sich einfach mal wieder aus. Schnappen Sie sich ein gutes Buch und tauchen Sie ab. Ob sonntagmorgens im Bett, in der Hängematte im Garten, auf einer grünen Wiese im Park, in einem gemütlichen Café in der Stadt oder an irgendeinem anderen

**LIEBLINGSLESEORT.**

*Mit etwas Glück zieht ein Buch uns in seinen Bann und eröffnet uns eine neue, faszinierende Perspektive auf die Welt. Von der lebensverändernden Kraft, die Bücher haben können, ganz zu schweigen.*

*Der Schlaf ist doch*
*die köstlichste Erfindung.*
HEINRICH HEINE

# WIE IM **SIEBTEN HIMMEL**

Guter, erholsamer Schlaf ist entscheidend für unser Wohlbefinden. Jeder von uns weiß, wie anstrengend das Leben sein kann, wenn wir übermüdet sind und uns wie gerädert fühlen. Probleme wirken viel größer und überfordern uns schneller, wir sind unausgeglichener, leichter gereizt, unkonzentriert und haben weniger Energie für alle anstehenden Aufgaben des Tages.

Im Schlaf finden essenzielle Regenerationsprozesse statt. Diese Zeit dient der Reparatur und Erneuerung der Zellen, zudem werden der Stoffwechsel sowie das Immunsystem angekurbelt. Ein anhaltender Schlafmangel kann zu körperlichen Problemen wie zum Beispiel Bluthochdruck und Übergewicht führen und darüber hinaus das Herzinfarkt- und Schlaganfallrisiko erhöhen.

Ein erholsamer Schlaf basiert grundsätzlich auf zwei Säulen: einer gesunden Schlafumgebung und einer stimmigen Schlafhygiene. Achten Sie daher auf gute Schlafbedingungen. Hier gilt: Keine halben Sachen machen! Lassen Sie sich Ihren Schlaf etwas wert sein.

## TIPPS FÜR EINEN GESUNDEN SCHLAFBEREICH

»Wie man sich bettet, so liegt man.« Eine alte, aber nach wie vor gültige Binsenweisheit. Besorgen Sie sich, falls noch nicht geschehen, eine gute Matratze (inklusive dazu passendem Lattenrost), die weder zu weich noch zu hart ist. Lassen Sie sich im Fachgeschäft eingehend beraten und nehmen Sie sich Zeit bei der Auswahl. Ausführliches Probeliegen empfohlen! Es gibt keine allgemeingültige Aussage, welche Matratze am besten für Sie geeignet ist. Die Vorlieben und das Empfinden der Menschen sind hier zu unterschiedlich. Wichtig ist, dass Sie wohlig und entspannt liegen, die Matratze eine gesunde Position der Wirbelsäule unterstützt und keine Rückenprobleme oder schmerzhafte Druckpunkte vor allem im Becken- und Schulterbereich verursacht. Und falls Sie nicht alleine im Bett liegen, empfiehlt sich unter Umständen eine geteilte Matratze.

Sorgen Sie für eine »reizarme«, aufgeräumte Schlafumgebung, möglichst ohne Fernseher und PC-Bildschirm oder störende Lichtquellen. Diese können die Produktion des Schlafhormons Melatonin unterbinden und so den Schlafrhythmus beeinträchtigen. Blau gestrichene Wände, Gardinen oder Bettwäsche wirken beruhigend und schlaffördernd.

Halten Sie den Schlafraum möglichst staubfrei, lüften Sie das Bettzeug sowie das Zimmer regelmäßig und sorgen Sie für eine angenehm kühle Schlaftemperatur zwischen 18 und maximal 21 Grad.

Gönnen Sie sich kuschlige, einladende Kopfkissen, Bettdecken und Bettwäsche – damit Ihr Bett zu einer kleinen Wellnessoase wird und Sie sich so richtig auf das Schlafengehen freuen.

*Wenn wir gut schlafen, ist jede Nacht wie ein kleiner Erholungsurlaub. So können wir frisch und mit neuer Energie in den Tag starten.*

# **SCHÄFCHENZÄHLEN** ODER WAS?

## TIPPS FÜR EINE GUTE SCHLAFHYGIENE

Größere Mengen Alkohol vor dem Schlafengehen vermeiden, da dies die Schlafqualität beeinträchtigt. Alkohol führt in der Regel zwar dazu, dass wir besser einschlafen, aber schon ein bis zwei Gläser Wein können den Schlaf vor allem in der zweiten Nachthälfte stören, auch wenn wir selbst das nicht unbedingt bemerken. Als Faustregel gilt: pro Glas eine Stunde Abstand bis zum Zubettgehen einhalten.

Regelmäßige Bewegung, idealerweise vier bis sechs Stunden vor dem Schlafengehen, wirkt sich überaus positiv auf die Schlafqualität aus. Nicht zu empfehlen ist dagegen ein anstrengendes Workout am späten Abend, da es unser sympathisches Nervensystem anregt, das für Stress und Aktivität zuständig ist und den Körper somit zu sehr auf Trab bringt.

Nicht mit zu vollem oder zu leerem Magen ins Bett gehen. Ein leichter Snack am späteren Abend wirkt häufig beruhigend auf Körper und Seele. Manchen hilft auch ein Glas Milch kurz vor dem Schlafengehen. Milch enthält die Aminosäure Tryptophan, und diese beruhigt die Nerven.

Möglichst jeden Tag zur selben Zeit zu Bett gehen und aufstehen. Auf diese Weise gerät der Schlafrhythmus nicht aus dem Takt. Vor allem die Aufstehzeit ist ein wichtiger Anker für unseren biologischen Rhythmus. Schlafforschern zufolge ist eine Stunde länger liegen bleiben am Wochenende noch im Toleranzbereich und damit »genehmigt«.

Eine Ruhephase zwischen den Tagesaktivitäten und dem Zubettgehen einlegen. Nicht bis zur letzten Minute fernsehen, körperlich oder geistig arbeiten oder sich in angeregten Diskussionen verzetteln. Rechtzeitig runterfahren und den Tag ausklingen lassen.

Bei Einschlafschwierigkeiten können einfache Rituale helfen. Ein kleines Glas Kräutertee trinken, einen Eintrag ins Tagebuch schreiben, ein Bad nehmen, Entspannungsmethoden wie Meditation (s. a. S. 50 ff. u. 60), Yoga oder autogenes Training durchführen. Das berühmte Schäfchenzählen wirkt dagegen kontraproduktiv. Untersuchungen haben gezeigt, dass es uns eher am Einschlafen hindert. Hilfreich sind Visualisierungsübungen. So können Sie sich zum Beispiel vorstellen, an einem wunderschönen Strand am Meer zu stehen und auf das beruhigende Blau zu sehen. Oder Sie visualisieren einen anderen schönen Ort in der Natur, der Ihnen ein Gefühl der Ruhe schenkt.

Belastende Gedanken und Sorgen vor dem Schlafengehen bewusst loslassen und nicht mit ins Bett nehmen. Sie gehören zu den größten Boykotteuren des Schlafs.
*Weiter unten finden Sie ein einfaches Ritual, um sich vor dem Schlafengehen von Grübeleien zu lösen.*

Experten empfehlen übrigens ausdrücklich einen kleinen, energiespendenden Powernap vor 15 Uhr, wenn uns zwischendurch die Müdigkeit überkommt. Allerdings sollte dieser nicht länger als 30 Minuten dauern, sonst wird man zu bleiern. Viele Arbeitgeber stellen mittlerweile Ruheräume dafür zur Verfügung. Und im Sommer tut es auch eine grüne Wiese.

## PRAKTISCHE ÜBUNG: BALLAST ABWERFEN

*Stellen, setzen oder legen Sie sich bequem hin.
Atmen Sie drei Mal langsam und tief durch die Nase
ein und durch den Mund aus. Bei jeder Ausatmung werfen
Sie all Ihren Ballast ab, indem Sie innerlich zu sich sagen:
»Ich lasse los.« Stellen Sie sich dabei vor, wie jede Anspannung,
jedes ungelöste Gefühl, jede Last auf Ihren Schultern
mit dem Atem von Ihnen weicht. Ah!*

*Zum Abschluss der Übung lächeln Sie.
Nehmen Sie das Gefühl der Erleichterung
und Entspannung mit zu Bett.
Für heute ist es gut.*

# DIE SO-NAH-UND-SO-URLAUB-LISTE

*Und nun sind Sie an der Reihe. Tragen Sie hier all die Dinge ein, die für Sie wie ein kleiner Urlaub sind. Sie können diese Liste stets erweitern oder verändern – ganz wie es Ihnen beliebt.*

# UND IMMER WIEDER ACHTSAMKEIT

Wenn wir wirklich
lebendig sind, ist alles,
was wir tun oder spüren,
ein **Wunder**.

Achtsamkeit

zu üben bedeutet,

zum Leben

im gegenwärtigen

Augenblick

zurückzukehren.

*Thich Nhat Hanh*

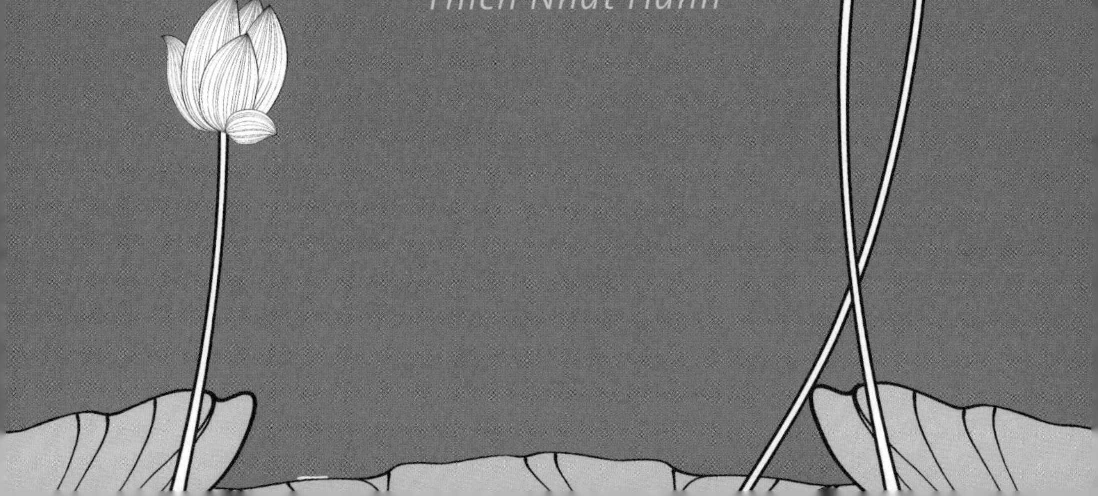

WENN ICH GEHE, DANN GEHE ICH,
WENN ICH SITZE, DANN SITZE ICH,
WENN ICH ESSE, DANN ESSE ICH …

# WAS BEDEUTET **ACHTSAMKEIT?**

Die Dinge aufmerksam betrachten, ohne sie zu bewerten. Sich auf das besinnen, was im gegenwärtigen Moment geschieht. Die Aufmerksamkeit gänzlich auf eine einzige Sache richten, auf die eigenen Emotionen, eine Aktivität, einen anderen Menschen, einen Gegenstand oder – ganz klassisch und vielen durch verschiedene Formen der Achtsamkeitsmeditation bekannt – auf den eigenen Atem. Auf diese Weise kann es uns gelingen, den »Wirrwarr« in unserem Geist zu kontrollieren, das sich ewig drehende Gedankenkarussell anzuhalten und innerlich zu einer tiefen Ruhe zu gelangen. Welch ein angenehmes Kontrastprogramm zu Hektik, Stress und der ständigen Überflutung mit zahlreichen Reizen und Impulsen im Alltag.

Achtsamkeit lässt sich auch zwischendurch und an allen möglichen Orten praktizieren. Wir müssen dafür lediglich innerlich bewusst umschalten und unsere Aufmerksamkeit gezielt auf das Hier und Jetzt konzentrieren. Der Rest ist Übungssache. Wer sich intensiv geistig vertiefen möchte, probiert am besten eine traditionelle Achtsamkeitsmeditation an einem ruhigen Ort aus (s. a. S. 50 ff.).

Für alle, denen die Vorstellung der Meditation zu spirituell erscheint oder denen diese Form der Versenkung nicht so liegt, gibt es zahllose Möglichkeiten, den Geist bei verschiedenen Aktivitäten ebenfalls gezielt auszurichten und so quasi automatisch einen meditationsähnlichen Zustand zu erreichen. Ein paar Anregungen dazu finden sich auf den folgenden Seiten.

*Wissenschaftliche Untersuchungen haben gezeigt, dass Achtsamkeit ein bewährtes Mittel zur Stressbewältigung ist. Wer regelmäßig Achtsamkeit praktiziert, fördert innere Ruhe und Klarheit und kann mit größerer Gelassenheit auf Veränderungen und die Anforderungen des Alltags reagieren.*

# 5-MINUTEN-ATEMENTSPANNUNG

Häufig führen Stress und Anspannung im Alltag dazu, dass wir nur noch sehr flach atmen. Auf diese Weise tanken wir zu wenig Sauerstoff, ermüden schneller, werden kraft- und energielos.

Die folgende Atemübung für zwischendurch dauert nur fünf Minuten, führt zu augenblicklicher Entspannung und lässt Hektik und Stress von Ihnen abfallen. Sie können sie fast überall durchführen. Zu Hause, im Büro oder draußen in der Natur. Setzen Sie sich mit geradem Rücken auf einen Stuhl oder mit gekreuzten Beinen auf ein Kissen auf dem Boden. Lassen Sie die Arme locker auf Ihren Oberschenkeln ruhen und legen Sie Daumen und Zeigefinger beider Hände ohne großen Druck aneinander. Lockern Sie Ihre Schultern und schließen Sie die Augen. Wenn Sie diese Atemmeditation etwas routinierter beherrschen, können Sie die Augen auch halb geschlossen halten und ohne etwas Bestimmtes zu fixieren zu Boden blicken.

Atmen Sie nun langsam ein und aus. Richten Sie Ihre Aufmerksamkeit bewusst auf Ihre Atemzüge. Spüren Sie, wie die Luft durch Ihre Nase ein- ... und sanft wieder ausströmt. Lassen Sie Ihren Atem entspannt kommen und gehen ... achten Sie auf die Pause zwischen Ausatmung und Einatmung ... spüren Sie, wie die Luft wieder durch die Nase einströmt ... und achten Sie dann auf die Pause zwischen Ein- und Ausatmung ... spüren Sie, wie die Luft nun wieder ausströmt ... bleiben Sie mit Ihrer Aufmerksamkeit ganz im gegenwärtigen Moment. Kosten Sie das Gefühl der Entspannung aus … lassen Sie jegliche Anspannung mit der Ausatmung los. Falls Sie sich dabei ertappen, dass Ihre Gedanken abschweifen, macht das nichts. Bringen Sie sie einfach geduldig wieder zu Ihrer Atmung zurück. Schließen Sie diese Übung nach etwa fünf Minuten mit einer Ausatmung ab und kehren Sie dann erfrischt und mit klarem Geist in Ihren Alltag zurück.

*Geübte können für diese Übung auch den halben oder ganzen Lotussitz einnehmen (s. S. 52 f.). Wichtig ist, dass die Position für Sie bequem ist und der Rücken stets gerade bleibt.*

## MUDRAS

*Mudras sind besondere Hand- und Fingergesten, die aus dem asiatischen Raum überliefert sind und eingesetzt werden, um die spirituelle Entwicklung sowie die Gesundheit zu fördern. Bei der sogenannten Chin-Mudra werden Daumen und Zeigefinger leicht zusammengedrückt. Dies aktiviert den Energiefluss. Der Daumen steht für das kosmische Bewusstsein und die Inspiration, der Zeigefinger für das individuelle menschliche Bewusstsein und die Intuition. In dieser Geste bilden die beiden eine Einheit und befruchten sich gegenseitig. Insgesamt symbolisiert diese Mudra das Nachdenken und Nach-innen-Gekehrtsein.*

# NEUE ORTE FÜR DIE MEDITATION ENTDECKEN

Wenn Sie noch nicht viel Praxiserfahrung mit Atemmeditationen haben, empfiehlt es sich, zunächst an einem Ort zu üben, an dem Sie möglichst ungestört sind. Je routinierter Sie sind, desto weniger werden Sie sich von Ihrem Umfeld ablenken lassen und können sogar auf einer Bank in einem Park oder an anderen öffentlichen Orten, wie zum Beispiel einer S-Bahn-Station, nach innen gekehrt sein und sich auf Ihre Atmung konzentrieren. Sobald Sie in der Lage sind, auf diese Weise abzuschalten, können Sie alle möglichen Alltagssituationen für die Atemmeditation nutzen – im Wartezimmer einer Arztpraxis, auf dem Beifahrersitz im Auto, während Sie im Café auf jemanden warten, der sich verspätet hat …

# LOTUSSITZ FÜR GEÜBTE

Der Lotussitz ist eine traditionelle Meditationshaltung für Geübte. Versuchen Sie auf keinen Fall, Ihren Körper in diese Position hineinzuzwingen, sondern arbeiten Sie stets sehr sehr sanft und ohne Druck – am besten unter Anleitung eines erfahrenen Meditationslehrers. Für Menschen mit Knieproblemen ist diese Position nicht geeignet!

Setzen Sie sich auf ein Kissen auf dem Boden, sodass das Gesäß leicht erhöht ist. Legen Sie zunächst den rechten Fuß auf den linken Oberschenkel und dann den linken Fuß auf den rechten Oberschenkel. Der Rücken bleibt gerade, die Schultern sind entspannt.

# HALBER LOTUSSITZ

Diese Meditationshaltung ist weniger extrem und dient dazu, sich langsam an den ganzen Lotussitz zu gewöhnen.

Legen Sie die rechte Fußsohle gegen das linke Schienbein und allmählich, wenn Sie gut genug gedehnt sind, an die Innenseite des linken Oberschenkels. Ihre Knie müssen dabei anfangs nicht den Boden berühren. Erst wenn Ihr Körper sich an diese Haltung gewöhnt hat, können Sie Schritt für Schritt versuchen, den ganzen Lotussitz einzunehmen.

Legen Sie in beiden Sitzpositionen Daumen und Zeigefinger in der Chin-Mudra gegeneinander (s. S. 51).

Als Variante können Sie die Hände auch vor dem Bauchnabel in der Geste des Gleichmuts ineinanderlegen. Die rechte Hand liegt dabei über der linken, die Handflächen zeigen nach oben und die Daumen berühren sich leicht.

GENERELL GILT:
*Regelmäßiges Üben – am besten zwei Mal pro Woche (nach Belieben gerne auch öfter) – ist wichtiger als die Dauer der einzelnen Sitzungen.*

## DAS HARA PFLEGEN – MIT SICH SELBST IM LOT SEIN

# DIE HARA-MASSAGE

Unsere Körpermitte (Bauchbereich), in Japan *Hara* genannt, gilt als zentrale Kraftquelle, aus der wir Energie schöpfen. Befinden wir uns bildlich gesprochen »in unserer Mitte«, sind wir stabil, fokussiert und können die Herausforderungen des Lebens besser bewältigen.

Die Hara-Massage löst Verspannungen und Blockierungen und fördert unsere geistige Präsenz und körperliche Kraft. Sie hilft uns, zurück zur eigenen Mitte – also zu uns selbst – zu finden und in uns zu ruhen.

Nehmen Sie den Fersensitz ein und legen Sie Ihre rechte Hand sanft auf Ihren Bauch. Führen Sie nun ein paar Minuten ruhig kreisende Bewegungen im Uhrzeigersinn durch. Der Mittelpunkt der Kreise sollte circa zwei Fingerbreit unterhalb Ihres Bauchnabels liegen. Atmen Sie tief und entspannt und konzentrieren Sie sich auf das Zentrum Ihres Bauches. Beginnen Sie zunächst mit langsamen Bewegungen, werden Sie dann etwas schneller und beenden Sie die Übung schließlich wieder mit langsamen Kreisen. Zum Abschluss lassen Sie die Hand noch etwas auf dem Bauch liegen und genießen die wohltuende Wirkung dieser Übung.

*Bei dieser Achtsamkeitsübung geht es wie so oft darum, die Selbstwahrnehmung zu stärken und sich dem Moment vollkommen hinzugeben.*

# LEBENSQUELL WASSER

Wasser ist Leben.
Etwa drei Viertel der Erdoberfläche sind von Wasser bedeckt. Es ist der Entstehungsort der Urlebewesen und somit auch unserer frühsten Vorfahren. Sogar bei unserer Körpermasse hat dieses Element einen Anteil von etwa 60 Prozent. Wasser ist für uns beinahe genauso wichtig wie die Luft zum Atmen. Es ist nicht nur essenziell für unser Überleben, sondern hat darüber hinaus eine heilende, harmonisierende und vitalisierende Wirkung.

# EINTAUCHEN UND REGENERIEREN

Ein klarer Fluss in der Sommerhitze, ein funkelnder See im Sonnenlicht, Meereswellen, die im ewigen Lauf der Gezeiten mit ihrer weißen Gischt am Strand auslaufen. Unausgesprochene Einladungen, das Urelement Wasser auszukosten.

Nutzen Sie jede Gelegenheit, um ins erfrischende Nass einzutauchen. Spüren Sie die angenehme Kühle auf der Haut. Lassen Sie sich entspannt treiben und achten Sie bewusst darauf, wie leicht Ihr Körper dabei wird, fast so, als könnten Sie die Schwerkraft überwinden. Planschen Sie nach Herzenslust herum. Fühlen Sie sich wie ein Fisch im Wasser – behände und frei. Spüren Sie die tiefe, uralte Verbindung mit diesem Element, in dem alles begann.

*Genießen Sie die wohltuende regenerierende Energie des Wassers mit allen Sinnen.*

ÜBUNG:

*Stellen Sie sich ans Ufer, atmen Sie ein paar Mal regelmäßig ein und aus und konzentrieren Sie sich darauf, alle Sorgen und Probleme vom Wasser fortspülen zu lassen. Tauchen Sie dann in die Kühle des Flusses, Sees oder Meeres ein und stellen Sie sich vor, dass das Wasser jede Last und jeglichen Stress von Ihnen nimmt. Schwimmen Sie sich im wahrsten Sinne des Wortes frei und steigen Sie danach wie neugeboren wieder aus dem Wasser heraus.*

# DIE MAGIE DES TANGO

Tango argentino (argentinischer Tango), das ist eine Verschmelzung in enger Umarmung. Es gibt keine festgelegte Choreografie oder Schrittfolge. Soll diese Verbindung funktionieren, müssen beide Tanzpartner sich aufeinander einlassen. Der eine führt und gibt Signale, der andere muss seine Sinne schärfen, hellwach sein, um die Führung zu spüren und entsprechend zu reagieren. Wenn es gelingt, kann etwas Wunderbares dabei entstehen. Getragen von der Musik bewegt sich das Tanzpaar mit geschmeidigen, elegant fließenden Bewegungen durch den Raum. Geist und Körper sind auf nichts anderes als auf den gegenwärtigen Moment gerichtet, auf die Musik, das Getragensein, das Schwingen, den Fluss, die sich verändernde Energie – idealerweise auf das Aufgehen in einer Sphäre des Einsseins. Flow at its best. Wenn ein solcher Zustand der Fokussierung und Synchronizität erreicht wird, gleicht er einer Meditation – denn auch hier ist der Geist auf einen Punkt gerichtet und kommt, auch wenn das auf den ersten Blick vielleicht etwas paradox erscheinen mag, zu einer tiefen Entspannung und Ruhe.

# EINE KOMPROMISSLOSE HINGABE AN DEN MOMENT

In Deutschland gibt es eine lebhafte Tangoszene. In so gut wie jeder größeren Stadt (und häufig auch in kleineren) bieten Tangoschulen Kurse an, und es finden regelmäßig sogenannte Milongas statt – Tanzveranstaltungen für Tangueras und Tangueros (Tangotänzer). Eine gute Möglichkeit, sich diesem Tanz intensiv zu widmen, sind auch Tangokongresse, die deutschlandweit und international organisiert werden. Ausführliche Informationen dazu finden sich im Internet (Stichworte zum Beispiel: Tango Argentino plus Name der entsprechenden Stadt, Tangokongress, Tango Congress/Festival; eine Internetseite, auf der zahlreiche internationale Tanzkongresse gelistet sind, findet man unter folgendem Link: http://www.festivalsero.com/).

*Der Tango bietet uns die Möglichkeit, den Alltag hinter uns zu lassen und einzutauchen in die Welt der Musik, einen fast magisch anmutenden Raum. Durch die Verbindung mit dem anderen sind wir extrem präsent und gleichzeitig in einem rauschhaften Zustand, in dem die Zeit manchmal rasend schnell vergeht und manchmal überaus gedehnt erscheinen kann.*

# IM
# **MOMENT**
# SEIN

*Bei der Meditation geht es nicht um den Versuch, irgendwohin zu gelangen. Es geht darum, dass wir uns selbst erlauben, genau dort zu sein, wo wir sind, und genau so zu sein, wie wir sind, und desgleichen der Welt zu erlauben, genau so zu sein, wie sie in diesem Augenblick ist.*
JON KABAT-ZINN

## PRAKTISCHE ÜBUNG

Halten Sie zum Beispiel beim Zähneputzen, beim Kochen, beim Straßenbahnfahren oder bei irgendeiner anderen täglichen Gewohnheit kurz inne und richten Sie Ihre Aufmerksamkeit drei Minuten lang bewusst auf das, was Sie gerade tun. Seien Sie voll und ganz in diesem Moment. Versuchen Sie sich in den nächsten Tagen bei dieser Tätigkeit oder in dieser Situation an diese Achtsamkeitsübung zu erinnern, bis Sie Ihnen zur Gewohnheit wird. Diese kleine Veränderung kann bereits viel bewirken.

# IM HIER UND JETZT: **SLACKLINING**

Bei dieser trendigen Variante des Seiltanzes kommt man mit extrem wenig aus. Man benötigt lediglich eine gewisse Grundfitness und Beweglichkeit, eine Slackline (erhältlich im Sportgeschäft oder Outdoorladen) und zwei starke Bäume, die weit genug auseinanderstehen, um die Slackline dazwischen zu spannen. Ideal ist ein möglichst weicher Untergrund wie Sand oder eine Wiese. Und dann kann es auch schon losgehen.

Das Slacklining fördert in höchstem Maße die Konzentration sowie die körperliche Balance und Koordination. Das Ziel ist zunächst, auf der elastischen Slackline, die knapp über dem Boden gespannt wird, zu stehen und ein paar Schritte zu gehen. Anfänger dürfen sich zu Beginn gerne von der Hand eines Helfers stützen lassen. Danach heißt es: üben, üben, üben. Fortgeschrittene vollführen auf der Slackline wahre Kunststücke (diese kann man zum Beispiel auf YouTube ansehen).

Dieser Sport ist ein grandioses Training für Geist und Körper. Zum einen ist der Geist automatisch auf eine einzige Sache fokussiert – nämlich darauf, das Gleichgewicht auf der Slackline zu halten. Und zum anderen werden alle Muskeln im Körper gefordert. Wer etwas für seine Fitness tun möchte und außerdem innerhalb kürzester Zeit abschalten und seinen Geist effektiv zur Ruhe bringen will, kann das mit Slacklining erreichen. Eine Achtsamkeitsübung der etwas anderen Art …

# DREI WEGE ZUR **AUSGEGLICHENHEIT**

## DAS WOHLFÜHLMOTIV

Bringen Sie ein persönliches »Wohlfühlmotiv« seitlich an Ihrem PC-Bildschirm an oder stellen Sie es direkt daneben auf, sodass Ihr Blick fast automatisch darauf fällt, wenn Sie sich an den Schreibtisch setzen. Auf dem Bild könnte zum Beispiel eine gemütliche Couch oder Hängematte abgebildet sein, ein Liegestuhl, ein Strandkorb, ein Badetuch auf einem weißen Sandstrand, eine Hollywoodschaukel, eine Holzbank vor einer Almhütte in den Bergen, ein Ruderboot auf einem See, ein Segelschiff auf dem Meer, ein bequemer Schaukelstuhl auf dem Balkon, ein Omasessel zum Hineinkuscheln oder oder oder ... Es sollte sich um einen Platz handeln, der Ihnen ein Gefühl der Ruhe und Entspannung vermittelt und an den Sie sich gerne »hindenken«.

Machen Sie regelmäßig die folgende Übung, bevor Sie mit Ihrer Arbeit beginnen: Nehmen Sie sich 30 bis 60 Sekunden Zeit (wenn Sie möchten, gerne auch länger), um ein paar Mal langsam und tief ein- und auszuatmen, während Sie das Bild betrachten. Spüren Sie, wie Sie dabei innerlich ruhig werden. Wenden Sie sich dann gesammelt und fokussiert Ihren anstehenden Aufgaben zu.

## ANSPANNUNG VERTREIBEN

Übungen des Tai Chi und des Qigong haben eine wohltuende, harmonisierende Wirkung auf Körper und Geist. Die sanften, fließenden Bewegungen helfen, jegliche Anspannung zu überwinden. Auch verschiedene Yogaübungen oder autogenes Training sind sehr gut dafür geeignet. Wer einige grundlegende Techniken solcher Entspannungsmethoden kennt, verfügt über ein effektives Instrumentarium, um regelmäßig für Ausgleich zu sorgen und gegenzusteuern, bevor alles mal wieder zu viel wird.

## SO TUN, ALS OB

Tun Sie so oft wie möglich so, als wären Sie innerlich ruhig und entspannt, selbst wenn Sie hin und wieder einen gewissen Druck verspüren. Je öfter Sie sich anderen und sich selbst gegenüber gelassen geben, desto eher werden Sie tatsächlich eine solche Haltung entwickeln und zu wahrer innerer Stärke und Achtsamkeit finden.

*Ruhe bringt Gleichgewicht und Leichtigkeit. Gleichgewicht und Leichtigkeit bringen inneren Frieden und Gelassenheit.*
ZHUANGZI

# MALMEDITATION

Das Ausmalen von Bildern fördert die Kreativität und lässt uns vom Alltag abschalten. Besorgen Sie sich einen Kasten mit Buntstiften und legen Sie einfach los. Erwecken Sie das Blumenornament auf dieser Seite mit Ihrer Fantasie zum Leben. Das beruhigt den Geist und wirkt gleichzeitig inspirierend. Genießen Sie die Welt der Farben, die unter Ihren Händen entsteht.

*Es kann so einfach sein, einen Flowzustand zu erreichen.*

# DAS DANKBARKEITSTAGEBUCH

*Das Führen eines Dankbarkeitstagebuchs ist ein Ritual, das unsere Achtsamkeit fördert und uns mit der Welt versöhnt, das uns gelassener und tief zufrieden macht. Überlegen Sie am besten am Ende eines Tages, für welche Dinge Sie dankbar sind. Es kann sich um Begegnungen oder Ereignisse handeln, die sich an diesem Tag oder vor kurzer Zeit zugetragen haben, oder um Dinge, für die Sie generell dankbar sind. Kleinigkeiten sind auf der Liste ebenso willkommen wie großartige Momente, Geschenke und Begebenheiten.*

*Wenn Sie regelmäßig in Ihr Tagebuch schreiben, werden Sie mit größter Wahrscheinlichkeit feststellen, dass sich Ihre Haltung der Welt und dem Leben gegenüber positiv verändert. Wenn Sie möchten, können Sie hier gleich mit den ersten Einträgen beginnen.*

ICH BIN DANKBAR FÜR …

ICH BIN DANKBAR DAFÜR, DASS …

# DIE WUNDER
# DES ALLTAGS

Es gibt zwei Arten,
sein Leben zu leben:
Entweder so, als wäre
nichts ein Wunder, oder so,
als wäre alles eines.
Ich glaube an Letzteres.

Albert Einstein

# DIE GABE
# **DES STAUNENS**

Kinder besitzen diese Gabe. Beinahe alles kann für sie zu einem großen Abenteuer werden und sie in Staunen versetzen. Völlig selbstvergessen betrachten sie einen kleinen Regenwurm, der sich in die Erde hineingräbt, oder einen Schmetterling auf einer Blüte, beobachten eine Spinne beim Bau ihres filigranen Netzes oder das scheinbar chaotische Gewimmel auf einem Ameisenhaufen. Kinder begegnen den kleinen und großen Wundern der Welt jeden Tag neu, lassen sich von ihnen überraschen und begeistern.

Auch für uns Erwachsene kann jeder Tag neue Wunder bereithalten. Ein Tautropfen an einem Grashalm, der morgens diamantengleich im Sonnenlicht glitzert, der Geschmack der Nüsschen des Springkrauts, die Urgewalt eines sich entladenden

*Schläft ein Lied in allen Dingen,*
*Die da träumen fort und fort,*
*Und die Welt hebt an zu singen,*
*Triffst du nur das Zauberwort.*
Joseph von Eichendorff

Gewitters mit seinen über den Himmel zuckenden Blitzen und dem krachenden Donner, der Austrieb der samtigen Weidenkätzchen im Frühling, ein aufgehender Hefeteig im Ofen, ein (hoffentlich) funktionierender Rasenmäher nach längerer Winterpause, der Eingang einer E-Mail auf dem PC-Bildschirm, die innerhalb von Sekunden um die ganze Welt gereist ist, das warmherzige Lächeln eines geliebten Menschen, eine Berührung, eine anteilnehmende Geste.

Bleiben Sie neugierig auf all die Wunder der Natur und Technik, der zwischenmenschlichen Begegnungen, des täglichen Erlebens. Erkennen Sie die Magie der kleinen und großen Dinge und lassen Sie sich davon in den Bann ziehen.

JE MEHR SIE SICH DIE GABE DES STAUNENS, DER BEGEISTERUNG UND DES ENTZÜCKTSEINS ZURÜCKEROBERN, DESTO REICHER WIRD DAS LEBEN.

Die Nachtkerze ist die einzige Pflanze in Mitteleuropa, die ihre Blüten wie in einer Art Zeitraffer entfaltet. Ein faszinierendes Schauspiel, das man gesehen haben sollte.

# IM ZAUBER **DER NACHTKERZEN**

Es ist ein Erlebnis, Nachtkerzen beim Aufblühen zu beobachten. Gegen Abend entfalten sich die zarten zitronengelben Blütenblätter grazil wie kleine Pflanzenballerinen in einer fließenden Bewegung meist innerhalb von einer Minute und verströmen kurze Zeit später einen betörend süßlichen Duft. An der bis zu zwei Meter hohen Pflanze befinden sich zahlreiche Blütenknospen, sodass man diesem faszinierenden Schauspiel an einem Abend ein ums andere Mal zusehen kann. Die Blüten der Nachtkerze bleiben – wie der Name bereits vermuten lässt – während der Nacht geöffnet und werden vorwiegend von nachtaktiven Insekten befruchtet.

Nichts ist mit dem persönlichen Erlebnis vergleichbar, daher sollten Sie sich im Sommer auf die Suche nach Nachtkerzen begeben, um ihr Aufblühen mitzuerleben. Wer es aber noch nie gesehen hat und vorher schon neugierig ist, kann sich dies zum Beispiel auf www.bing.com/videos unter dem Stichwort »Nachtkerzen aufblühen« im Internet ansehen.

*Die Nachtkerze ist nicht nur optisch wunderschön. Alle Teile dieser Pflanze, von den Blüten bis zur Wurzel, sind verwendbar. Besonders wertvoll sind die kleinen Samen, da diese die mehrfach ungesättigten Omega-6-Fettsäuren Gamma-Linolensäure und Linolsäure enthalten. Das aus dem Samen gewonnene Nachtkerzenöl regt unter anderem den Stoffwechsel an, fördert die Leistungsfähigkeit sowie das Wohlbefinden und wird zudem in Kosmetikprodukten wie zum Beispiel Hautcremes eingesetzt.*

*Die Nachtkerze blüht von Anfang Juni bis Oktober, wobei die Hauptblütezeit im Juli und August liegt. Die Pflanze wächst vorwiegend an sonnigen Standorten, auf trockenen, steinigen oder sandigen Böden und ist daher häufig in Steinbrüchen, an Bahndämmen oder an Böschungen zu finden.*

# NUR EIN **WIMPERNSCHLAG**

Auf einem hohen Gipfel in den Alpen lassen sich bei guter Fernsicht zahlreiche weitere Berge, ja ganze Gebirgszüge erkennen. Der Blick über die schier endlose Weite dieses steinernen Meers kann uns eine Ahnung vermitteln, wie klein wir selbst sind, wie begrenzt unsere Existenz ist.

Machen wir uns bewusst, wann diese Berge entstanden sind, erreichen wir schnell die Grenze unseres Vorstellungsvermögens. Dabei gelten die Alpen innerhalb der Entstehungsgeschichte der Erde als relativ jung. Der geologische Auffaltungsprozess, der zur Bildung dieser Berge führte, begann vor etwa 130 Millionen Jahren, als sich die afrikanische Platte auf die europäische zubewegte.

Angesichts dieser unvorstellbaren zeitlichen Dimension sind wir selbst nichts als ein Wimpernschlag.

## WIE WOLLEN WIR UNSERE ZEIT HIER AUF DER ERDE VERBRINGEN?

# STERNENGUCKER *oder* EINTAUCHEN INS WELTALL

## BENÖTIGTE UTENSILIEN:

Bequeme Unterlage, zum Beispiel Picknickdecke, selbstaufblasende Isomatte, Liege oder Liegestuhl (= Luxusvariante), warme Kleidung, Schlafsack oder kuschelige Decke, Taschen- oder Stirnlampe – am besten mit Rotlicht, damit die Augen nicht geblendet werden – und je nach Belieben ein Fernglas (oder gar ein Teleskop), eine Sternkarte oder ein Himmelsjahrbuch. Und wer es besonders schön haben will, der nimmt noch etwas für das leibliche Wohl mit, zum Beispiel ein Baguette, leckeren Käse, einen guten Rotwein …

Suchen Sie sich in einer möglichst dunklen (also mondlosen), wolkenfreien, lauen Nacht eine lichtarme Wiese in der Natur, abseits von befahrenen Straßen, von der aus Sie einen großen Himmelsausschnitt sehen können – alleine, wenn Sie mögen und sich dabei wohlfühlen, oder in Begleitung. Machen Sie es sich auf Ihrer Unterlage bequem und schauen Sie zum Sternenzelt hinauf.

Tauchen Sie ein in die unendlichen Weiten des Weltalls. Spüren Sie seine Tiefe und die große Kraft, die von ihm ausgeht. Achten Sie darauf, wie sich Ihre Perspektive angesichts der Unendlichkeit verändert und genießen Sie die klare Nacht auf unserem heimeligen Planeten, der in diesem weiten Raum nicht mehr ist als ein winziges Staubkorn.
Halten Sie nach vereinzelten Sternschnuppen Ausschau und wünschen Sie sich etwas, wenn Sie eine erhaschen. Versuchen Sie, ein paar Sternbilder zu bestimmen. Wenn Sie Lust dazu haben, können Sie mithilfe eines Astronomiebuches oder einer Sternkarte Planeten und Ihnen bislang unbekannte Sternbilder am Himmel suchen. Mit einem guten Fernglas können Sie ein paar Planeten schon in einer deutlichen Vergrößerung erkennen. Die Krönung ist natürlich ein hochauflösendes Teleskop, mit dem sich sogar faszinierende Himmelsgebilde wie Kugelsternhaufen, Nebel oder ferne Galaxien entdecken lassen. Möglicherweise kommen Sie nach einer beeindruckenden Sternennacht auf den Geschmack und werden Hobbyastronom …

# IM
# STERN
# SCHNUPPEN
# RAUSCH

Mehrmals im Jahr kann man am Nachthimmel eine wahre Sternschnuppenflut beobachten. Dazu kommt es, wenn die Erde die Bahn eines Meteorstroms kreuzt. Meteore sind kleine Partikel aus Staub, Metall oder Gestein von der Größe eines Staubkorns oder maximal eines Kieselsteins, die aus dem interplanetaren Raum stammen und mit sehr großer Geschwindigkeit (bis zu 72 Kilometer pro Sekunde!) in die Erdatmosphäre eindringen, dabei kurz aufglühen und verdampfen. Zu den bekannten Sternschnuppenströmen gehören die Quadrantinen (im Januar), die Perseiden (im Juli und August), die Leoniden (im November) und die Geminiden (im Dezember). Rund um den 12. August kommt es zum intensivsten Sternschnuppenaufkommen. Hier lässt das Sternbild Perseus mit dem sogenannten Perseidenschauer bis zu 100 Meteore pro Stunde auf die Erde hinunterregnen. Ein großartiges Erlebnis für Sternengucker, das – wie die besten Dinge im Leben – nichts kostet.

# DIE LISTE DER WUNDER

*Welche kleinen oder großen Wunder haben Sie in der vergangenen Woche erlebt? Welche Dinge haben Sie mit neuen Augen gesehen? Was hat Sie zum Staunen gebracht, was hat Sie begeistert, wovon waren Sie fasziniert?*

# ENERGIESCHUB FÜR DEN KÖRPER

Es kommt darauf an,
den Körper mit der Seele
und die Seele durch
den Körper zu heilen.

Oscar Wilde

# HAPPY FEET

Über unsere Füße sind wir mit der Erde verbunden. Sie sind unsere Basis, bringen uns von einem Ort zum anderen und tragen uns durch das Leben. Wir sollten es gut mit uns selbst meinen und versuchen, die gröbsten Fußsünden zu vermeiden. Denn wenn unsere Füße sich wohlfühlen, ist das die beste Voraussetzung, um energievoll und im wahrsten Sinne des Wortes geerdet unterwegs zu sein.

## DEN FÜSSEN ETWAS GUTES TUN:

Bis auf Ausnahmen wie ein elegantes Dinner, den Opernbesuch oder andere festliche Anlässe »vernünftige« Schuhe tragen. Also keine High Heels oder zu enge Schuhe, die das Blut abschnüren und Druckstellen erzeugen. Sondern solche, in denen Sie auch größere Strecken zurücklegen, bequem lange stehen und einen ausgedehnten Einkaufsbummel absolvieren können. Sie sind spät dran und müssen zum Bus oder zur S-Bahn rennen? Kein Problem mit den richtigen Schuhen!

Die Füße so oft wie möglich atmen lassen. Ziehen Sie Ihre Schuhe am Arbeitsplatz zwischendurch aus, wenn Sie längere Zeit am Schreibtisch sitzen. Strecken Sie Ihre Beine, bewegen Sie die Zehen spielerisch auf und ab, lassen Sie die Füße Kreise im und gegen den Uhrzeigersinn ausführen und genießen Sie das angenehme Gefühl der Fußfreiheit.

*Am Ende eines langen Tages wirkt ein warmes Meersalz- oder Aromafußbad regenerierend und wohltuend. Und wer sich besonders verwöhnen will, der gönnt sich eine Fußreflexzonenmassage (s. S. 92).*

Sommerfüße lassen grüßen: Gehen Sie so oft wie möglich barfuß. Nach einem langen Winter, in dem Ihre Füße ein karges Schuhdasein geführt haben, müssen Sie ihnen ja nicht gleich einen extremen Härtetest zumuten. Wählen Sie anfangs einen weichen natürlichen Untergrund aus und laufen Sie zum Beispiel über eine frisch gemähte Wiese oder am Strand entlang. Das Barfußgehen ist eine wunderbare Massage für die Füße. Es fördert die Durchblutung und stimuliert zahlreiche Akupressurpunkte. Wenn Sie regelmäßig barfuß gehen, entwickeln Sie starke, gesunde »Sommerfüße«, die es mit genügend Übung auch mit härteren Böden wie etwa einem Kiesuntergrund an einem steinigen Flussufer aufnehmen können.

Zahlreiche Firmen haben in den letzten Jahren unterschiedlichste Gesundheitsschuhe entwickelt, und das Thema Fußgesundheit ist fast schon zu einer Wissenschaft für sich geworden. Relativ neu auf dem Markt sind die sogenannten kyBoots. Diese Schuhe wurden speziell für gesundes Gehen entwickelt. In die Sohle sind dämpfende Luftpolster eingearbeitet, die jeden Schritt abfedern, die Schuhträger die Feinheiten des Untergrunds aber dennoch spüren lassen. Die Wirkung ist verblüffend. Man hat beinahe das Gefühl, als gehe man auf Wolken. Einfach mal in einem Laden ausprobieren (Adressen dazu finden Sie im Internet. Stichwort: kyBoot). Die Schuhe haben zwar ihren Preis, aber diese Investition könnte sich lohnen.

Auch Barfuß- oder Zehenschuhe sind mittlerweile bei vielen Menschen sehr beliebt und ein fester Bestandteil im Sortiment von Sportgeschäften.

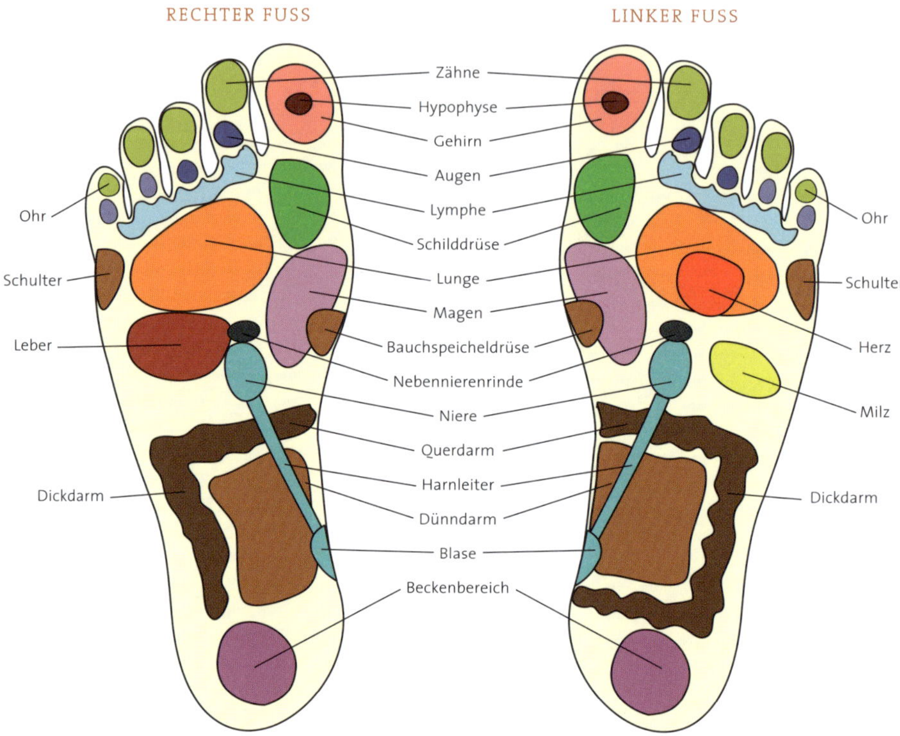


# WOHLTUENDE REFLEXZONEN-MASSAGE

## EINE SANFTE FUSSMASSAGE WIRKT ENTSPANNEND UND REGENERIEREND.

Unsere Füße bilden unseren gesamten Körper ab. Der linke Fuß entspricht der linken Körperhälfte, der rechte spiegelt die rechte Körperseite. Die Stimulierung der Reflexzonen fördert die Durchblutung und den Stoffwechsel und unterstützt Heilungsprozesse.

Sie können die Fußsohlen und -rücken mit einer Massage verwöhnen, bei der Sie langsam mit streichenden und kreisenden Bewegungen alle Bereiche bearbeiten, oder Sie setzen gezielt Impulse, indem Sie mithilfe der abgebildeten Fußreflexzonenkarte sanften Druck auf bestimmte Punkte und Zonen ausüben. Achten Sie aufmerksam darauf, wie Ihre Füße reagieren, und arbeiten Sie sensibel. Massieren Sie nur so stark, dass keine Schmerzen dabei entstehen. Wenn eine Stelle sich als besonders empfindlich erweist, empfiehlt es sich, diese etwas länger zu massieren, da Sie hier möglicherweise eine Blockade haben, die sich durch die Behandlung lösen kann.

Wer nicht beweglich genug ist und daher Schwierigkeiten hat, seine Füße selbst zu massieren, kann eine vertraute Person darum bitten oder eine Praxis für Fußreflexzonenmassage aufsuchen.

HINWEIS: *Bei einer Thromboseneigung in den Beinen, Entzündungen oder Verletzungen in der dem Massagepunkt entsprechenden Körperregion sowie bei einer Schwangerschaft sollte keine Fußreflexzonenmassage durchgeführt werden.*

# BEWEGUNG – BEWEGUNG – BEWEGUNG

Die meisten Menschen in der westlichen Welt verbringen den größten Teil des Tages im Sitzen. Das führt rasch zu einem körperlichen Ungleichgewicht. Rückenschmerzen und andere gesundheitliche Beschwerden wie Bluthochdruck und Diabetes sind häufig die Folge. Regelmäßige schonende Bewegung fördert die Gesundheit, baut Anspannung und Stress ab, beugt depressiven Verstimmungen vor und steigert die Motivation sowie die geistige Leistungsfähigkeit.

Bewegen Sie sich wenn möglich mehrmals pro Woche ausgiebig beziehungsweise treiben Sie Sport. Dabei gilt die Devise: Regelmäßige, sanfte Bewegung ist besser als Extrem- oder Leistungssport. Wer zu häufig bis an seine Leistungsgrenze oder darüber hinausgeht, kann sich leicht schaden, denn eine zu intensive Belastung bedeutet oxidativen Stress für den Körper. Dazu kommt es, wenn dieser zu viele freie Radikale bildet und sie nicht mehr neutralisieren kann. Diese schaden dann den Zellen. Freie Radikale entstehen zum Beispiel durch mangelnde Bewegung, Umweltgifte, UV-Strahlung, Rauchen, Alkohol, schlechte Ernährung, aber auch durch zu starke körperliche Belastungen. Ein regelmäßiges, dem Fitnesslevel des Einzelnen angepasstes Training vermindert die Produktion von freien Radikalen und erhöht zudem die Fähigkeit von Muskeln, Herz und Lunge, die Radikalenbildung zu kompensieren.

## BELIEBTE ENTSPANNUNGSSPORTARTEN SIND UNTER ANDEREN:

Schwimmen, Inlineskaten, Joggen, Nordic Walking, Wandern, Radfahren, Stand-up-Paddeln (s. S. 25), Yoga, Volleyball, Zumba, Tanzen, Speedminton (ähnelt dem Federballspiel), Tischtennis, Slacklining (s. S. 62), Golf und Langlaufen (die Liste könnte man noch endlos fortsetzen).

*Aktuelle Studien zeigen, dass Denkprozesse in Kombination mit körperlicher Bewegung die Produktion neuer Gehirnzellen fördern. Und bei Probanden, die auf einem Hometrainer in gemäßigtem Tempo in die Pedale traten, wurde eine gesteigerte Kapazität des Arbeitsgedächtnisses nachgewiesen. Na, wie wär's angesichts dieser Erkenntnisse mit einem flotten Spaziergang, um die Gehirndurchblutung anzuregen und über ein kniffliges Problem nachzudenken?*

## DIE SACHE MIT DEN TELOMEREN

*Die sogenannten Telomere sind Schutzkappen am Ende unserer Chromosomen. Bei jeder Zellteilung verkürzen sich die Telomere. Dies geschieht so lange, bis die Zelle sich nicht mehr teilen kann und abstirbt. Die natürliche Lebenserwartung jedes Einzelnen hat somit etwas mit der Länge seiner Telomere zu tun. Mittlerweile ist es möglich, durch einen Gentest die Länge seiner Telomere bestimmen zu lassen. Egal, ob man diesen Test machen lassen möchte oder nicht, glücklicherweise lässt sich die Länge der Chromosomenschutzkappen durch eine gesunde Lebensweise fördern. Zu den wichtigsten Aspekten gehören dabei erholsamer Schlaf (s. S. 36 ff.), ausreichende Bewegung und eine ausgewogene Ernährung (s. S. 106 ff.).*

# AKUPRESSUR
# AM SCHREIBTISCH

Die Akupressur ist ein einfaches Mittel, um alle möglichen Beschwerden zu lindern oder uns neue Energie zu schenken. Das Geniale dabei: Alles, was man dafür braucht, sind die eigenen Hände.

Bei Müdigkeit im Büro, Energielosigkeit, wenn Ihnen das Denken schwerfällt oder Sie dringend kreative Ideen bräuchten, sich aber wie blockiert fühlen, können die folgenden Akupressurübungen helfen, einen **Blitzenergieschub** zu erzeugen:

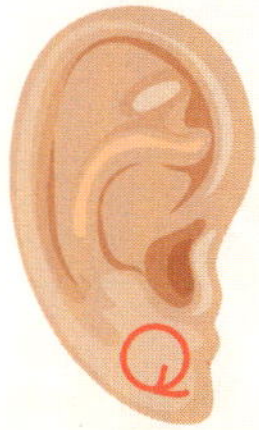

- Massieren Sie beide Ohrläppchen kräftig mit Daumen und Zeigefinger (10 bis 30 Sekunden lang) und ziehen Sie dann ein paar Mal leicht daran. Hilft auch bei Kopfschmerzen.

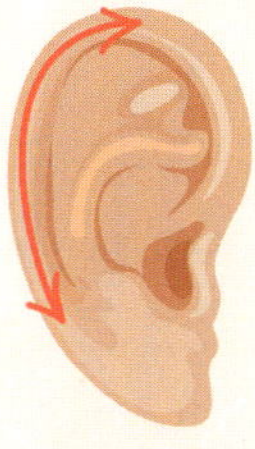

- Kneten Sie die Ränder Ihrer Ohren ein bis zwei Minuten lang. Nehmen Sie die Ränder dafür jeweils zwischen den Daumen (auf der einen Seite des Ohrs) und Zeige- und Mittelfinger (auf der anderen Seite des Ohrs). Die Ohrränder dabei leicht nach außen biegen. So bringen Sie Ihren Kreislauf in Schwung.

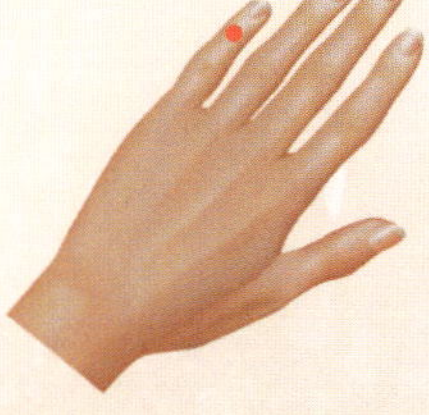

- Fingergriff: Die obere Gliedbeuge des kleinen Fingers nacheinander bei beiden Händen 30 Sekunden lang kräftig drücken.

Für viele sind **Nackenschmerzen** eine häufige Begleiterscheinung bei der Schreibtischarbeit. Auch hier kann die Akupressur helfen – einfach mal ausprobieren! Und wer will, kann im Anschluss noch eine sanfte Nackenmassage durchführen:

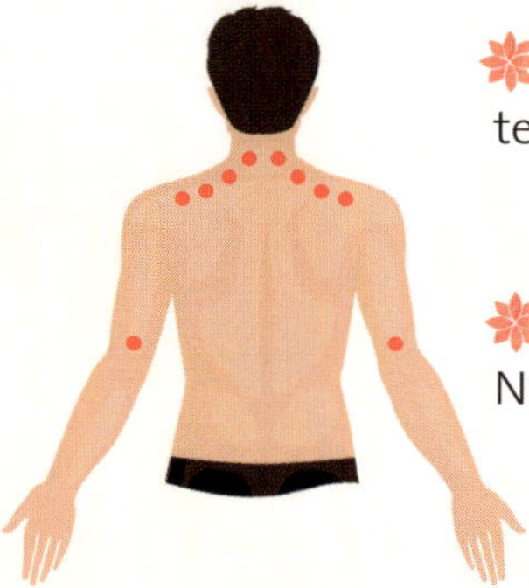

- Nacheinander an beiden Armen die Punkte über den Ellenbogen drücken.
- Sanft auf die schmerzenden Stellen am Nacken und an den Schultern drücken.

Und hier noch ein paar wirksame Akupressurpunkte zur Linderung von **Kopfschmerzen**:

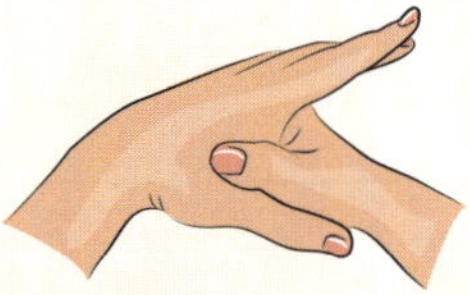

- Einer der effektivsten Punkte gegen Schmerzen liegt in der Vertiefung der Hand, dort, wo die Daumenknochen auf die Zeigefingerknochen treffen. Die Hautfalte zwischen Daumen und Zeigefinger nehmen und den Punkt 10 bis 30 Sekunden lang drücken.

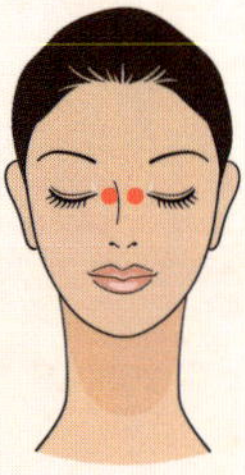

- Mit Daumen und Zeigefinger Druck auf die Mitte des Nasenrückens ausüben. Dieser Akupressurpunkt liegt weit oben, zwischen den Augen.

- Jeweils den Punkt direkt oberhalb der Mitte der Augenbrauen massieren.

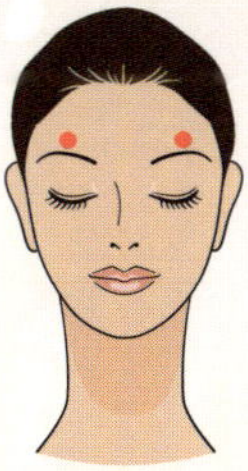

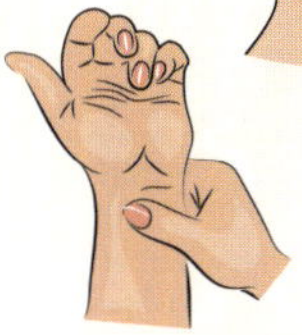

- An der inneren Seite des linken Handgelenks den Punkt drücken oder massieren, an dem man den Puls misst (10 bis 30 Sekunden lang).

- Mit den Daumen oder mit Zeige- oder Mittelfinger sanft in die Vertiefungen oberhalb des Nackens am Kopfansatz drücken.

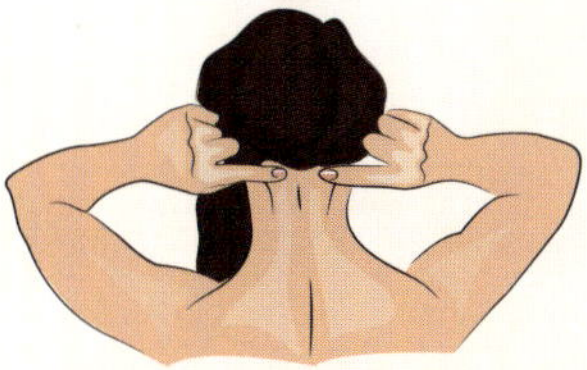

## DIESE SANFTE THERAPIEFORM LÖST ENERGIEBLOCKADEN UND UNTERSTÜTZT SO DIE EINHEIT VON KÖRPER, GEIST UND SEELE.

*Der Traditionellen Chinesischen Medizin (TCM) zufolge fließen unsere Basisenergien durch Energiekanäle, die sogenannten Meridiane. Auf diesen befinden sich Akupressurpunkte, durch die Energie in den Körper hinein- und auch wieder hinausströmt. Die Akupressur stimuliert diese Reizpunkte und fördert so unsere Energiebalance und regt die Selbstheilungskräfte an.*

# YOGA IN DER MITTAGSPAUSE

Einige der folgenden Yogaübungen können Sie im Stehen ohne weitere Hilfsmittel durchführen. Wenn Sie eine Yogamatte im Büro, auf der grünen Wiese oder in einem leeren Konferenzraum ausrollen können – umso besser. Und los geht's:

## DER KRIEGER

Stellen Sie sich mit weit gegrätschten Beinen hin und strecken Sie beide Arme seitlich auf Schulterhöhe aus. Drehen Sie dann den linken Fuß um 90 Grad nach außen sowie den rechten Fuß leicht nach innen und beugen Sie das linke Bein, bis sich das Knie in etwa über der Ferse befindet. Drücken Sie den rechten Fuß fest gegen den Boden. Der Rücken bleibt gerade, der Körper ist angespannt. Halten Sie diese Position 15 Sekunden lang und führen Sie die Übung dann auf der anderen Seite durch. Diese Yogaübung fördert innere Stärke und Willenskraft und stärkt den Körper.

# DER BAUM

Stellen Sie sich mit geschlossenen Beinen aufrecht hin und atmen Sie ein paar Mal tief in Ihren Bauch hinein und wieder aus. Strecken Sie die Arme seitlich aus. Verlagern Sie das Gewicht dann auf Ihr rechtes Bein und heben Sie das linke Bein langsam an. Drehen Sie das Knie nach außen (sanft arbeiten!) und legen Sie den linken Fuß an die Innenseite des rechten Oberschenkels. Führen Sie die Arme leicht angewinkelt nach oben und legen Sie die Handflächen über dem Kopf gegeneinander. Spannen Sie den Bauch an. Halten Sie die Stellung circa 15 Sekunden lang, kommen Sie dann zur Ausgangsposition zurück und wechseln Sie die Seite. Diese Übung fördert den Gleichgewichtssinn und die Haltung. Darüber hinaus wirkt sie stabilisierend und hilft, Entschlossenheit und Zielgerichtetheit zu entwickeln.

## DAS DREIECK

Stellen Sie sich mit gegrätschten Beinen aufrecht hin (Beine etwa einen Meter auseinander). Drehen Sie dann den linken Fuß nach außen. Atmen Sie ein und führen Sie dabei den rechten Arm gestreckt über Ihren Kopf zur Seite. Beugen Sie den Oberkörper nach links, der linke Arm sinkt mit der Bewegung automatisch nach unten. Wer bereits sehr gut gedehnt ist, berührt mit der linken Hand den Boden oder greift damit nach dem Fußgelenk. Die Hüfte und der Oberkörper zeigen nach vorne. Blicken Sie nach oben zu Ihrer rechten Hand. Atmen Sie ein paar Mal tief durch und richten Sie sich mit einer Einatmung langsam wieder auf. Führen Sie die Übung dann auf der anderen Seite durch. Das Dreieck stärkt die Rückenmuskulatur und hat eine erdende, harmonisierende Wirkung.

## DER HUND

Gehen Sie in den Vierfüßlerstand, halten Sie den Rücken dabei gerade. Die Knie stehen etwas hinter den Hüftgelenken. Richten Sie die Hände weit gefächert direkt unter den Schultern aus. Stellen Sie die Zehenspitzen auf. Heben Sie nun die Knie an und drücken Sie den Po nach oben, bis die Beine gestreckt sind (auch hier gilt: sanft und ohne Zwang arbeiten, nicht über die eigenen Grenzen gehen!). Atmen Sie tief ein und aus und halten Sie die Position

etwa 15 Sekunden lang. Wiederholen Sie die Asana (= Yogastellung) Hund drei Mal. Sie fördert die Kreativität und Konzentration, sorgt für einen klaren Geist und steigert die Durchblutung des Gehirns.

## KNIE-BRUST-ÜBUNG

Legen Sie sich mit ausgestreckten Beinen auf der Yogamatte auf den Rücken. Beugen Sie ein Bein, umfassen Sie das Schienbein und ziehen Sie das Bein dann langsam in Richtung Brust (nie mit Druck oder Gewalt arbeiten!). Halten Sie die Position 15 bis 30 Sekunden lang, strecken Sie das Bein dann langsam wieder aus und führen Sie die Übung mit dem anderen Bein durch. Fortgeschrittene können bei angezogenem Bein den Kopf vom Boden anheben und beim Einatmen sanft (!) in Richtung Knie bringen. Mit der Ausatmung wieder in die Ausgangsposition zurückkommen.

## DIE KINDPOSITION

Gehen Sie in den Fersensitz. Die Knie sind dabei leicht geöffnet. Beugen Sie sich nun langsam nach vorne und legen Sie den Oberkörper auf den Oberschenkeln ab. Die Stirn berührt den Boden. Strecken Sie die Arme seitlich am Körper nach hinten aus. Atmen Sie langsam fünf bis zehn Mal tief ein und aus. Diese Übung wirkt entspannend für Kopf und Rücken.

# MUSIKPOWER

Laufendes »Hintergrundrauschen« im Großraumbüro, Schwierigkeiten, die nötige Motivation zu finden, um sich energievoll auf die Arbeit zu stürzen? Oder einfach nur Lust auf Musik, trotz Arbeitspensum?

Dann geben Sie sich doch einfach was auf die Ohren – vorausgesetzt, das ist an Ihrem Arbeitsplatz erlaubt. Lieblingsplaylist aufs Handy oder den MP3-Player laden, Kopfhörer auf oder Ohrstöpsel rein, Lieblingsmusik anschalten, und schon verschwinden störende Geräusche, steigt die Laune und kann sogar eine lästige Pflicht zu einem angenehmen Vergnügen werden.

Hinweis: Die Musik Ihren Ohren und Ihren Büronachbarn zuliebe nur so laut stellen, dass die anderen nicht belästigt werden und Sie Dinge wie das Klingeln des Telefons noch hören. Wählen Sie außerdem solche Musik aus, die Sie nicht ablenkt, die Sie also gut nebenbei hören können, ohne zu sehr hineingezogen zu werden. Da hilft nur ausprobieren, was für Sie am besten funktioniert.

Wer zu den Menschen gehört, die sich bei Musik partout nicht konzentrieren können, kann zwischendurch eine »kreative Musikpause« einlegen. Für drei Minuten mit der Lieblingsmusik raus an die frische Luft, Sonnenlicht tanken, den Wolken zusehen oder aber ruhig mit geschlossenen Augen für die Dauer eines Songs den Moment genießen.

## MIT DER RICHTIGEN MUSIK GEHT VIELES LEICHTER.

# »IN ALLER MUNDE«: **SUPERFOODS**

*Eure Nahrungsmittel sollen eure Heilmittel,*
*und eure Heilmittel sollen eure Nahrungsmittel sein.*
HIPPOKRATES

Eine ausgewogene Ernährung ist neben ausreichendem, erholsamem Schlaf (s. S. 36 ff.) und regelmäßiger Bewegung (s. S. 94 f.) eine der grundlegenden Säulen für Gesundheit und Wohlbefinden. Sogenannte Superfoods können wirksame Energiespender sein und uns dabei helfen, uns rundum fit und leistungsstark zu fühlen.

Bei den Superfoods handelt es sich um naturbelassene Lebensmittel, die viele wertvolle Inhaltsstoffe wie Vitamine und Mineralien enthalten und häufig reich an Antioxidantien sind. Daher können sie freie Radikale abfangen, die im Körper entstehen – zum Beispiel aufgrund von Stress oder durch Stoffwechselprozesse (s. S. 94). Antioxidantien binden freie Radikale an sich und setzen sie auf diese Weise schachmatt. So können diese den Zellen des Körpers nicht mehr schaden.

*Holunder, rote Weintrauben, schwarze Johannisbeeren, Heidelbeeren, Acerola- und Sauerkirschen sind reich an Vitaminen und haben einen hohen Anthocyangehalt. Der Pflanzenfarbstoff, der die Früchte rot, violett oder dunkel- bis schwarzblau färbt, wirkt antioxidativ und schützt die Zellen vor freien Radikalen. Somit können es diese Superfoods beispielsweise locker mit der brasilianischen Açaibeere, die als Powerfrucht gilt, aufnehmen.*

Hier eine kleine Auswahl von Nahrungsmitteln, die richtig viel draufhaben und Spitzenplätze unter den Superfoods belegen.

GEWÜRZE, KRÄUTER: Basilikum, Oregano, Petersilie, Brennnessel, Löwenzahn, Kurkuma, Ingwer

BEEREN, OBST, FRÜCHTE: Apfel, Holunder, Heidelbeeren, schwarze Johannisbeeren, Acerolakirschen, Sauerkirschen, Weintrauben, Ananas, Avocado, Cranberrys, Granatapfel, Kokosnuss, Oliven

GEMÜSE, SALATE: Brokkoli, Grünkohl, Rotkohl, Wirsing, Sauerkraut, Spinat, Feldsalat

HÜLSENFRÜCHTE, ÖLE UND ANDERE SUPERFOODS: Bohnen, Erbsen, Linsen, Leinsamen, Leinöl, Mandeln, Walnüsse, Weizenkeime, Olivenöl, Kakao, Matchatee, Quinoa

*Rund um die Superfoods hat sich in den letzten Jahren ein regelrechter Hype entwickelt. Zahlreiche Unternehmen sind wie Pilze aus dem Boden geschossen und vertreiben nun zum Teil exotische Produkte zu stattlichen Preisen. Dabei stammen zahlreiche Superfoods aus heimischen Gebieten. Ihr Vorteil: Sie können auf dem Feld oder am Baum ausreifen und benötigen keine langen Transportwege, um auf den Tisch der Verbraucher zu gelangen. Der Vitamin- und Mineralstoffgehalt ist bei diesen Produkten somit besonders hoch. Am überzeugendsten ist daher nach wie vor: möglichst aus biologischem Anbau, möglichst naturbelassen, möglichst regional, möglichst saisonal.*

# 7 SUPERFOODS IM FOKUS

## AVOCADO

Reich an einfach und mehrfach ungesättigten Fettsäuren (senken den Cholesterinspiegel), Kalium (wirkt entwässernd), Vitamin E und Eisen (fördern die Immunabwehr), Folsäure (beugt Herz-Kreislauf-Erkrankungen vor). Sehr ballaststoffreich – eine Frucht deckt ein Drittel des Tagesbedarfs.

## GRÜNKOHL

Enthält sehr viele Vitamine (vor allem Vitamin C – 105 mg/100 g), Mineralstoffe wie Kalium und Kalzium, sekundäre Pflanzenstoffe, Antioxidantien, Eiweiß, Eisen und Ballaststoffe. Wirkt entzündungshemmend und senkt das Krebsrisiko.

## OLIVENÖL

Kalt gepresstes Olivenöl (extra vergine) ist am nährstoffreichsten und enthält unter anderem Omega-3-Fettsäuren (wirken positiv auf Cholesterinspiegel, Herz, Haut, Konzentration), Antioxidantien, Vitamin K (gut für Knochen und Gehirn) sowie zahlreiche andere Vitamine.

## HEIDELBEEREN

Die leckeren Beeren enthalten Flavonoide, die das Wachstum von Bakterien, Pilzen und Viren eindämmen, als Radikalenfänger agieren, das Risiko von Herz-Kreislauf-Erkrankungen mindern und der Zellalterung und somit auch der Faltenbildung entgegenwirken. Sie sind außerdem reich an Vitamin C (stärkt unter anderem die Immunabwehr, schützt die Zellen), Provitamin A (gut für die Augen), Vitamin E und gelten als probates Mittel bei Hals- und Rachenschmerzen und in getrockneter Form bei Magen-Darm-Beschwerden.

## KÜRBISKERNE

Ausgezeichnete Zink- und Magnesiumlieferanten, enthalten zudem Vitamin E, Selen sowie Phytosterole, die hormonähnlich wirken und die Gesundheit der Harnwege und Prostata fördern.

## HANFSAMEN

Hervorragende Eiweißlieferanten (bestehen bis zu einem Drittel aus pflanzlichem Protein), überdies reich an Eisen, Vitamin E und Omega-3-Fettsäuren. Passen gut zu Joghurt, Müsli oder Salaten.

## WALNÜSSE

Reich an Omega-3- und -6-Fettsäuren, Eisen, Kalium, Kalzium, Magnesium, Zink, Selen. Können Herz-Kreislauf-Erkrankungen vorbeugen und die Blutfettwerte günstig beeinflussen.

# GESUNDE LECKEREI:
# KALE-CHIPS

Dieser kalorienarme Snack
ist in New York gerade mega-angesagt.

## ZUTATEN

*1 kleiner Grünkohlkopf (ca. 250 Gramm)*
*4 El Olivenöl*
*2 TL Salz*
*1 TL Paprikapulver süß*
*grobe Chiliflocken*
*1 EL Sesamkörner zum Verfeinern*

## ZUBEREITUNG

- Den Ofen auf Ober- und Unterhitze einstellen und auf 130 Grad vorheizen.
- Grünkohl (englisch: kale) gründlich waschen, die Blätter vom harten Strunk befreien und in kleine, mundgerechte Stücke zupfen.
- Danach gut trocknen (z.B. in einer Salatschleuder).
- In Olivenöl wenden, bis die Blätter gut benetzt sind, dann mit einer Mischung aus Salz, Paprikapulver und – je nach Belieben – mit groben Chiliflocken bestreuen.
- Auf einem mit Backpapier ausgelegten Backblech locker ausbreiten (die Blätter sollten nicht übereinanderliegen!)
- und bei 130 Grad circa 40 Minuten lang trocknen, bis die Blätter schön knusprig sind.
- Den Ofen zwischendurch ein paar Mal kurz öffnen, damit der beim Trocknungsvorgang entstehende Dampf entweichen kann.

Die Kale-Chips in eine große Schüssel geben und je nach Geschmack noch einmal nachwürzen. Zum Verfeinern kann man sie zudem mit Sesamkörnern bestreuen.

# IHRE FÜNF PRO TAG

Mit kleinen Veränderungen lässt sich häufig eine große Wirkung erzielen.

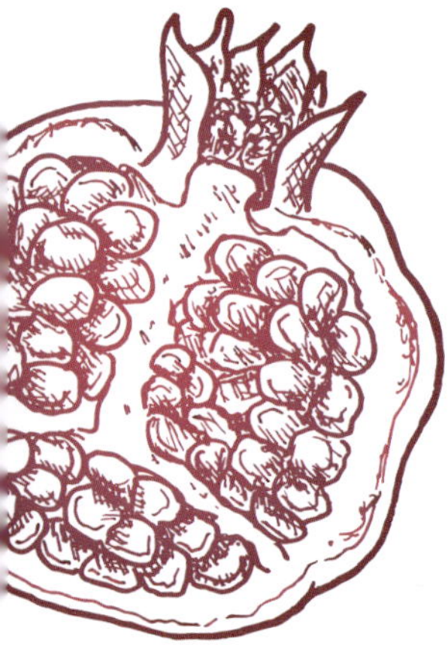

- Peppen Sie Ihr Frühstück gesund auf – es ist schon viel gewonnen, wenn Sie nur eine Kleinigkeit ändern oder hinzufügen. Essen Sie zum Beispiel ein Müsli mit frischem Obst. Oder geben Sie eine kleine Handvoll Walnüsse, einen Esslöffel Heidelbeeren oder Hanfsamen zu den klassischen Haferflocken dazu.

- Trinken Sie ein Glas Granatapfelsaft (natürlich tut Orangensaft es auch). Auf den Fruchtgehalt achten – 100 Prozent sind ideal.

- Gönnen Sie sich zwischendurch eine vitaminreiche Powerknabberei. Zum Beispiel Karotten- und/oder Sellerie-, Kohlrabi-, Paprikasticks mit etwas Kürbiskernöl oder einem schmackhaften Dip, eine kleine Handvoll Nüsse, eine Portion Kale-Chips (s. S. 111).

- Geballte Power bekommen Sie mit einem grünen Smoothie (Rezepte dazu finden Sie auf der nächsten Seite). Manche Menschen starten mit einem solchen Vitaldrink auch in den Tag (statt eines konventionellen Frühstücks) und möchten ihn nicht mehr missen.

Mittags oder abends empfiehlt sich eine Portion Gemüse oder ein Salat – gerne in Kombination mit anderen Speisen.

Dies sind nur ein paar der schier endlosen Möglichkeiten, wie Sie über den Tag verteilt immer wieder gesunde Vitalstoffe bekommen.

Manchmal hilft es, sich ein bisschen zu überlisten. Sie können zum Beispiel eine einladende, farbenfrohe Obstschale bereitstellen, damit Sie nur noch zugreifen müssen.

Rühren Sie in einem stressfreien Moment vorsorglich einen leckeren Dip für Karotten und Selleriestangen an, um jederzeit darauf zurückgreifen zu können, und machen Sie die Zubereitung von Smoothies zu einem Freizeitvergnügen. Vielleicht probieren Sie ein paar Rezepte ja auch zusammen mit Freunden aus? Und am Ende wird der beste Powerdrink gekürt.

*Wenn rote Weintrauben Sie anlachen, die Walnüsse griffbereit dastehen und ein feiner Smoothie nur noch darauf wartet, gekostet zu werden, fällt die eine oder andere Heißhungerattacke auf eine ganze Tafel Schokolade oder ein üppiges Stück Sahnetorte mit Sicherheit aus.*

# KLEINES KRAFTPAKET: **DER GRÜNE SMOOTHIE**

Grüne Smoothies haben sich mittlerweile zum absoluten Klassiker entwickelt. Zu Recht, denn sie liefern in der Regel einen vielfältigen Vitalstoffmix, schmecken gut und machen Lust auf mehr. Sogar erklärte Salatmuffel, Gemüseverächter und Obstverweigerer finden aufgrund des guten Geschmacks, der einfachen Zubereitung und des großen Wellnessfaktors häufig einen Zugang zu den kleinen grünen Energiedrinks. Apropos »Getränk«: Smoothies sollte man nicht so schnell wie ein Glas Wasser oder Saft hinunterkippen. Jeweils kleine Schlucke nehmen oder sogar mit einem Löffel essen und jede Portion idealerweise etwas im Mund »kauen«.

Grüne Smoothies sollten im Hochleistungsmixer zubereitet werden, da schwächere Mixer es in der Regel nicht schaffen, die Zellwände der grünen Blätter aufzubrechen und eine cremige Konsistenz zu erzeugen. Lassen Sie sich am besten im Fachgeschäft beraten. Wenn Sie einmal Geschmack an den Smoothies gefunden haben, können Sie alle möglichen Rezepte ausprobieren – es gibt zahlreiche Bücher zu diesem Thema, und online wird man ebenfalls fündig. Oder Sie lassen Ihre Fantasie spielen und mixen neue Smoothiekreationen.

Bei allen Rezepten empfiehlt es sich, biologische Zutaten zu verwenden, vor allem, wenn Früchte mit Schale in den Smoothie hineingemixt werden.

# HIER EIN PAAR REZEPTE ZUM VERFÜHREN:

## SOMMERFRISCHE

(ergibt je nach Wassermenge circa 1 Liter)

1 Handvoll Spinat
2 Handvoll Kopfsalat
1 geschälte Banane
1 Handvoll Heidelbeeren
1 Handvoll Erdbeeren
1 Handvoll Johannisbeeren
+ ein paar Minzeblätter
+ Gänseblümchenblüten zum Verzieren (optional)
+ Wasser nach Belieben

*Dieser »grüne« Smoothie hat aufgrund der Beeren eine rötliche Farbe.*

## WILDKRÄUTER DELIGHT

(ergibt je nach Wassermenge circa 1 Liter)

1 Handvoll gemischte Wildkräuter (z.B. Brennnessel, Labkraut, Giersch, Vogelmiere)
1/2 Kopfsalat
1 geschälte Banane
2 süße Birnen mit Schale
1/4 Avocado, ohne Kern und Schale
1/4 Orange mit Schale
+ Saft einer Limette
+ Wasser nach Belieben

*Dieser Smoothie ist etwas für Fortgeschrittene, denn die Wildkräuter muss man sicher bestimmen können.*

## KOKOSTRAUM

(für 1 Person)

1 Handvoll Wirsingblätter
1 geschälte Banane
1 Tasse Kokoswasser
2 EL weißes Mandelmus
1 EL Leinöl
1/8 TL Zimt
1/4 TL Kurkuma

# DIE ENERGIESPENDER-LISTE

*Halten Sie in der folgenden Liste all die Dinge fest, die Ihnen Energie schenken.*

# RESET FÜR DEN INNEREN KOMPASS

Wer seinen
eigenen **Weg** geht,
dem wachsen **Flügel**.

*Zen-Weisheit*

# **KLARHEIT** ENTWICKELN

Manchmal, wenn uns alles zu viel wird, wenn wir uns vom Job, vom Alltag, ja vom Leben insgesamt überfordert fühlen, sollten wir innehalten, uns sammeln und uns neu ausrichten.

Vielleicht muss so manches sortiert werden, sollten wir uns von einigen Dingen lösen, Ballast abwerfen, um weniger eingespannt zu sein oder um Raum für Neues zu schaffen.

Aber auch wenn es rund läuft, sollten wir stets eine große innere Klarheit entwickeln und uns von ihr auf unserem Weg leiten lassen. Denn jede Entscheidung, die wir heute treffen, wirkt sich auf die nächsten Streckenabschnitte aus, die vor uns liegen.

FRAGEN SIE SICH:

*Was will ich wirklich? Verfolge ich womöglich Ziele, die eigentlich nicht meine eigenen sind? Wenn Sie sich darüber klar werden, ersparen Sie sich viel Grübelei und Zweifel, und automatisch fallen viele unnötige »Nebenschauplätze« weg, die Sie sonst viel Zeit und Energie kosten würden.*

*Dem Dunkel auf den Grund zu gehen bedeutet Klarheit.*
*Nachgeben zu können bedeutet Stärke.*
*Benutze dein eigenes Licht und kehre zur Klarheit zurück.*
*Das nennt man: die Ewigkeit einüben.*
LAOTSE

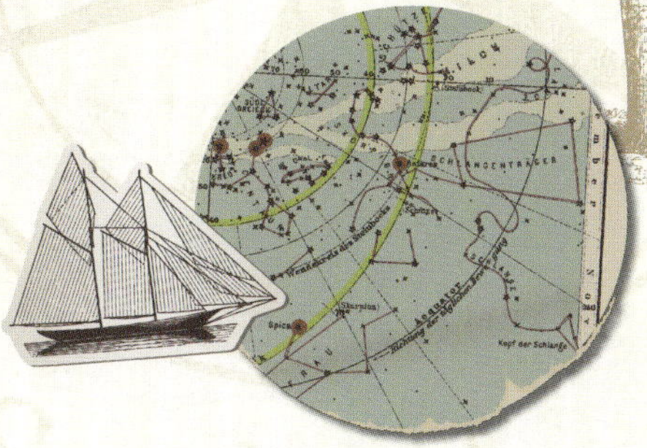

An erster Stelle steht eine gute Selbstfürsorge. Nur wer sich auf seine eigenen Bedürfnisse besinnt und auf eine gute Balance aller entscheidenden Lebensanteile achtet, fördert eine positive Haltung, entwickelt genug Resilienz und bleibt körperlich fit, um dem Leben geerdet, ausgeglichen und energievoll zu begegnen.

IN WELCHE RICHTUNG ZEIGT IHR INNERER KOMPASS? GENÜGT ES, IHN ETWAS ZU JUSTIEREN, ODER BRAUCHEN SIE EINEN RESET?

# KRAFTORTE AUFSUCHEN

Egal auf welche Weise wir Zeit an der frischen Luft verbringen, ob beim Sport, bei einem Spaziergang oder mit kreativen Tätigkeiten wie dem Malen oder Fotografieren, wir sollten die heilende Kraft der Natur regelmäßig nutzen, um unsere Batterien wieder aufzuladen, innerlich zur Ruhe zu kommen und uns zu erden.

Eine besondere, ja therapeutische Wirkung können individuelle Kraftorte auf uns haben.

Begeben Sie sich hin und wieder an einen abgeschiedenen Ort in der Natur, an dem Sie sich besonders gerne aufhalten. Stellen, setzen oder legen Sie sich dort bequem hin und lassen Sie bewusst die heilsame, stärkende Energie dieses persönlichen Kraftplatzes in sich hineinströmen. Atmen Sie regelmäßig ein und aus und tanken Sie so richtig auf. Bleiben Sie so lange dort, wie Sie möchten, und genießen Sie diesen Moment.

## BOXENSTOPPS IN DER NATUR FÜR KÖRPER, GEIST UND SEELE

# EINE **WEISE HALTUNG** FÖRDERN

Gehen Sie mit einer weisen Haltung durch das Leben. Schließen Sie sich nicht kritiklos jedem Trend, jeder Mode an, sondern verfolgen Sie Ihren eigenen Weg. Gestalten Sie Ihre Zeit bunt und kreativ, holen Sie sich dafür Anregungen bei anderen und lassen Sie sich inspirieren, aber wählen Sie für sich klug und achtsam nur die Dinge aus, die Ihnen selbst entsprechen und die Sie tatsächlich überzeugen. Sortieren Sie von vornherein aus, was Sie unnötig »zumüllt« und belastet. Fokussieren Sie sich auf das, was Ihnen Energie schenkt und Spaß macht. Werden Sie mit Entschlossenheit aktiv, wenn Sie wirklich etwas verändern wollen, anstatt darüber zu lamentieren, wie schlecht doch die Welt ist. Nutzen Sie Ihren gesunden Menschenverstand – achten Sie auf sich und öffnen Sie sich gleichzeitig für andere.

# NEGATIV-ANSAGEN **POSITIV NUTZEN**

Wir alle verfügen über ein großes Potenzial an Energie, Weisheit, Gelassenheit, Freude und Liebe. Manchmal jedoch begrenzen wir uns selbst durch unseren pessimistischen Blick auf die Dinge, die uns widerfahren, durch die Art und Weise, wie wir unsere Vergangenheit, unsere Gegenwart und unsere Zukunft betrachten. Dann befeuert unser innerer Kritiker uns gern mit Negativansagen, die dazu führen, dass wir uns unzulänglich, frustriert und energielos fühlen. In solchen Fällen ist ein aktives Umschalten angesagt.

Wir können unsere negative innere Stimme konstruktiv nutzen, indem wir ergründen, was sie uns eigentlich mitteilen will. In der Regel lassen sich hinter Negativansagen unbewusste Wünsche, Träume und Ziele erkennen.

Sagt die innere Stimme zum Beispiel: »Das schaffst du nie« (etwa eine Prüfung, eine sportliche oder berufliche Herausforderung), steht dahinter wahrscheinlich der Wunsch, ebendieses Ziel zu erreichen. Sobald wir uns das bewusst gemacht haben, lässt sich die Aussage positiv umformulieren. Etwa so: »Ich möchte es gerne schaffen. Ich möchte dieses Ziel erreichen.« Der nächste Schritt besteht darin, uns zu überlegen, wie wir diesen Wunsch konkret umsetzen können. Nach dem Motto: »Um mein Ziel zu erreichen, werde ich ...«

Lassen Sie sich von Ihrem inneren Kritiker nicht verrückt machen, sondern wandeln Sie negative Botschaften in positive Handlungsanweisungen um. Gehen Sie der Ursache der negativen Stimme in Ihrem Kopf auf den Grund und stellen Sie sich die folgenden Fragen:

- Will ich etwas daran ändern? Und wenn ja:
- Was muss ich dafür tun?
- Wann möchte ich damit anfangen?

Die Liste auf Seite 138 kann Ihnen dabei helfen, negative Gewohnheiten zu überwinden und sich neue Ziele zu setzen.

# … DIE NÄCHSTEN
# ZWEI METER

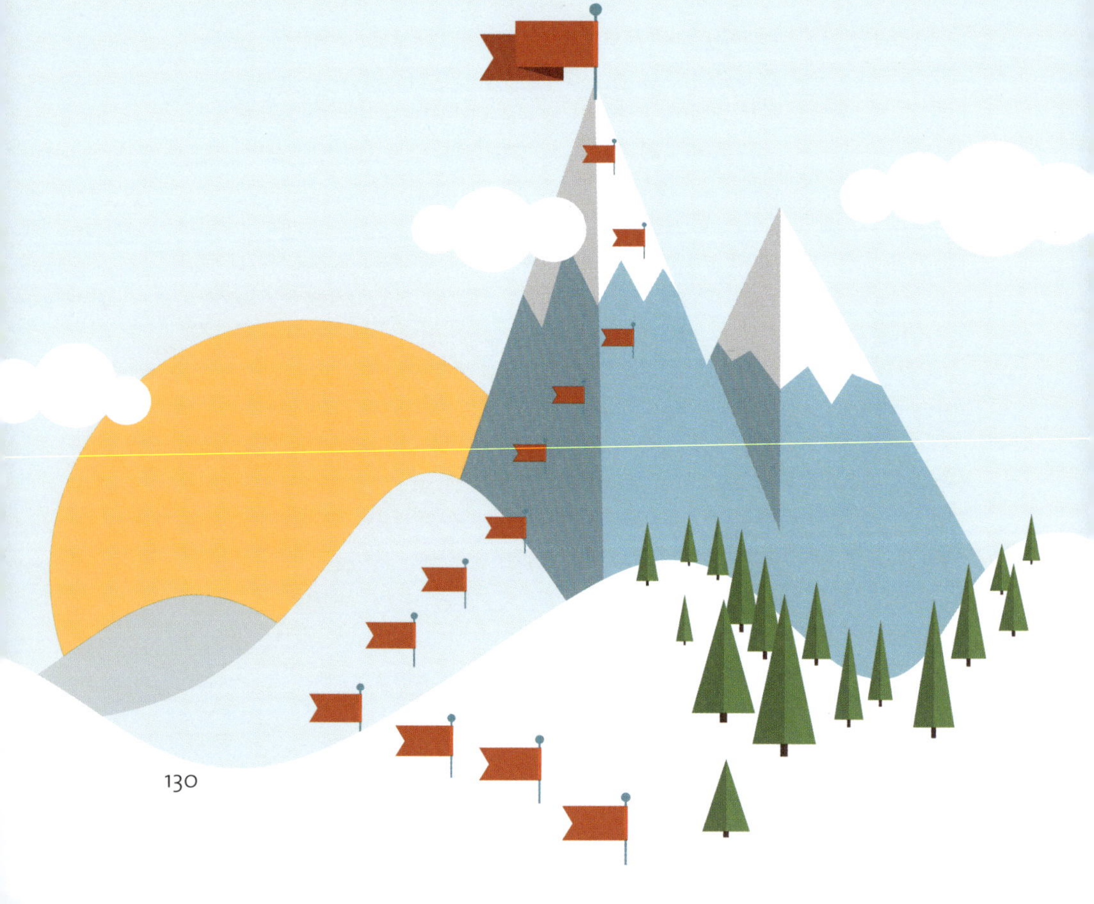

Manchmal möchten wir ein Ziel erreichen, doch es erscheint uns unendlich weit weg, der Weg dorthin extrem mühsam. Angesichts der Hürden, die es zu überwinden gilt, fühlen wir uns bereits überfordert und energielos, bevor wir überhaupt losgelegt haben.

Gerade bei großen Projekten und Anforderungen kann die folgende Devise ungemein hilfreich sein:

*Es zählen immer nur die nächsten zwei Meter*.*

Konzentrieren Sie sich wie ein Kletterer an einer steilen Felswand nur darauf und blenden Sie das Fernziel aus.

Der erste Meter ist derjenige, auf den Sie Ihre geballte Kraft und Energie ausrichten und den Sie – wie der Kletterer – mit dem nächsten Zug oder dem nächsten Schritt bewältigen. Den zweiten Meter betrachten Sie vorausschauend, um sich bereits darauf vorzubereiten und nicht davon überrascht zu werden, was Sie dabei erwartet. Aber diese beiden Meter sind alles, worauf es im Moment ankommt. Sind sie geschafft, richten Sie Ihre Aufmerksamkeit auf die nächste Zwei-Meter-Einheit. Und so arbeiten Sie sich Abschnitt um Abschnitt vorwärts.

Mit dieser Methode sorgen Sie regelmäßig für kleine Erfolgserlebnisse, und jede zurückgelegte Etappe bringt Sie näher an Ihr Ziel.

*Gehen Sie den Weg der kleinen Schritte.*

** Statt »Meter« können Sie hier – je nach Projekt – auch andere Begriffe verwenden, zum Beispiel: Seiten (falls Sie ein Buch schreiben wollen), Kisten (falls Sie einen Umzug bewältigen müssen) und so weiter.*

Beim gemeinsamen Teetrinken mit Kol-
legen oder Freunden lassen sich knifflige Probleme wunderbar besprechen und häufig lösen.

# ALLE PROBLEME DIESER WELT MIT EINER TASSE TEE LÖSEN

Hektik, Stress, Sorgen? Anspannung,
Gedankenchaos, Überreiztheit?

Innehalten, Pause machen, runterfahren.

Eine Tasse Lieblingstee trinken.
NUR DAS!

Den aufsteigenden Dampf beobachten, die Hände
an der Tasse wärmen, Schluck für Schluck genießen.

Eine Verbindung zu sich selbst finden.

Ein kleines Ritual mit großer Wirkung.

Danach ist der Geist meist geordneter, findet man leichter
einen neuen Ansatz, sieht Licht am Ende des Tunnels.

## LET'S HAVE A CUP OF TEA.

Selbst wenn Sie mit Ihrer Arbeit oder damit, wie der Tag gelaufen ist, nicht zufrieden sind, sollten Sie dennoch einen Punkt finden, an dem Sie »runterfahren«, abschalten und in den Entspannungsmodus übergehen. Manchmal bringt es mehr, Abstand zu gewinnen und ein Problem oder Projekt am nächsten Tag mit frischer Energie anzugehen, als zu versuchen, krampfhaft immer weiter zu powern, wenn der Geist überfordert ist und sämtliche Akkus bereits leer sind.

## MORGEN IST AUCH NOCH EIN TAG!

# ZWEI FREMDE IN DER STADT

## – EINE SUFIGESCHICHTE –

Ein Fremder kommt von weit her in eine Stadt und erblickt dort einen Weisen. Er nähert sich diesem und fragt ihn: »Wie sind die Menschen, die hier leben?«

Anstatt ihm zu antworten, stellt der Weise dem Fremden eine Gegenfrage: »Wie sind denn die Bewohner der Stadt, aus der du kommst?«

»Sie sind egoistisch und böse«, antwortet der Fremde. »Deshalb bin ich von dort fortgegangen.«

»In dieser Stadt wirst du genau das Gleiche finden«, antwortet ihm der Weise.

Kurze Zeit später spricht ein anderer Fremder den Weisen an: »Ich komme von weit her«, sagt er. »Kannst du mir sagen, wie die Menschen in dieser Stadt sind?«

Der Weise will von ihm wissen: »Wie sind denn die Bewohner der Stadt, aus der du kommst?«

»Sie sind freundlich und gut«, erwidert der Fremde. »Ich hatte dort viele Freunde. Daher ist es mir schwergefallen wegzugehen.«

Da sagt der Weise lächelnd zu ihm: »In dieser Stadt wirst du genau das Gleiche finden.«

Daraufhin spricht ein Kamelhändler den Weisen an, der beide Unterhaltungen aus einiger Entfernung mitbekommen hat: »Wieso hast du den beiden Fremden etwas völlig Unterschiedliches gesagt?«

Da antwortet der Weise ihm: »Weil jeder sein eigenes Universum im Herzen trägt. Unsere Sicht der Welt entspricht nicht dem, wie die Welt tatsächlich ist, sondern lediglich dem, wie wir sie wahrnehmen. Ein glücklicher Mensch wird überall glücklich sein. Und ein unglücklicher Mensch wird überall unglücklich sein.«

# DIE NEUE-ZIELE-BESTIMMEN-LISTE

*Seien Sie offen für Veränderungen und nutzen Sie die befreiende Kraft, die eine positive Neuausrichtung mit sich bringt. Machen Sie sich bewusst, welche alten Gewohnheiten Sie ablegen möchten. Vielleicht möchten Sie diese durch etwas ersetzen? Halten Sie alles in der Liste fest und schreiben Sie gleich dazu, wann Sie damit beginnen möchten. Den Zeitpunkt bestimmen Sie ganz allein. Nicht alles muss sofort oder schnell geschehen, aber es hilft, sich ein konkretes Datum oder einen bestimmten Zeitraum dafür zu setzen (heute Abend / übermorgen / nächste Woche / am ersten Tag des nächsten Monats fange ich damit an …).*

# IM RAUSCH
# DER SINNE

Man sieht oft etwas
hundert Mal,
tausend Mal,
ehe man es zum
allerersten Mal
wirklich sieht.

*Christian Morgenstern*

# **SINN** UND **SINNLICHKEIT**

Wir nehmen die Welt mit unseren Sinnen wahr.
Auf diese Weise erschließen wir sie uns und begreifen sie.
Wir sehen, hören, ertasten und fühlen, riechen
und schmecken die vielfältigen Eindrücke,
die das Leben uns offenbart.

Jeden Tag gibt es unzählige Momente, die wir bewusst mit allen Sinnen spüren können. Selbst kleinste Kleinigkeiten werden so zu einem Erlebnis. Die Hand gleitet über den samtigen Veloursstoff eines Autositzes, über das glattpolierte Holz eines Treppengeländers, die kühle Oberfläche einer Apfelsaftflasche aus dem Kühlschrank. Der Blick fällt auf die dichten Blätter eines Baums vor dem Fenster, nimmt ihre sanften Bewegungen im Windhauch wahr, das Spiel des Lichts auf ihrem satten Grün. Beim Gang durch den Park dringt das Gezwitscher der Vögel an unser Ohr, der Klang unserer Schritte auf dem Boden, das sich nähernde Geräusch einer quietschenden Fahrradkette. Auf dem Nachhauseweg strömt der Duft von frisch gebackenem Kuchen und gemahlenen Kaffeebohnen aus einem Straßencafé in unsere Nase …

Wenn wir kurz innehalten und unsere Aufmerksamkeit darauf richten, können wir so viele Dinge auskosten – auch das ist gelebte Achtsamkeit.

VERWANDELN SIE ALLTAGSMOMENTE IN SINNLICHE ERLEBNISSE UND SCHWELGEN SIE DARIN.

# WELLNESS FÜR DEN KOPF

Eine simple Wellnessanwendung, die Ihnen ein überaus sinnliches Vergnügen bescheren kann:

Bürsten Sie sich langsam die Haare mit einer Bürste mit weichen Noppen. Diese aktivieren beruhigende Akupunkturpunkte am Kopf. Das führt zu einem herrlichen Prickeln auf der Kopfhaut und wirkt entspannend.

Und wenn Sie schon einmal dabei sind, können Sie noch eine dreiminütige Kopfmassage anhängen. Massieren Sie mit den Fingerspitzen beider Hände mit sanft kreisenden Bewegungen sanft Ihre Kopfhaut.

Verwöhnen Sie sich selbst oder auch jemand anderen – den Partner, ein Familienmitglied, eine/n gute/n Freund/in – hin und wieder auf diese Weise. Es ist so einfach.

SINNLICHKEIT IM ALLTAG FÖRDERN

# DAS LEBEN IST BUNT

Jede Farbe hat ihre eigene Energie und Ausstrahlung und wirkt unterschiedlich auf Körper und Psyche. Mit Farbimpulsen lassen sich bestimmte Stimmungen und Emotionen fördern. Nutzen Sie diese Wirkung bewusst für sich. Spielen und experimentieren Sie mit der Vielfältigkeit des Farbspektrums und brechen Sie hin und wieder aus gewohnten Mustern aus. Das macht Spaß und eröffnet Ihnen spannende neue Möglichkeiten.

Gestalten Sie Ihr Wohn- und Arbeitsumfeld gezielt mit Farben – Wände, Möbel, Stoffe –, setzen Sie (bestimmte) Akzente, statten Sie das Innenleben Ihres Kleiderschranks mit ein paar bunten Farbklecksen aus, damit Sie jederzeit die Wahl haben, nach Lust und Laune in Farbe zu schwelgen und sich den ganzen Tag von einer bestimmten Energie begleiten zu lassen.

## GELB

Die Farbe der Sonne, des Lichts. Macht gute Laune, fördert Optimismus, Lebensfreude, Freundlichkeit, Kommunikation, Kreativität und Libido. Wirkt anregend, stärkt Konzentration, Auffassungsgabe und Gedächtnis.

- Gelb verleiht Räumen eine warme, positive, belebende Atmosphäre. Sehr geeignet für Besprechungs- und Kreativräume sowie kleine Räume, da es diese größer wirken lässt.
- Regt den Lymphfluss und das Hormonsystem sowie die geistige Aktivität an.

## ORANGE

Die Farbe der untergehenden Sonne. Steht für Lebensfreude, Ausgelassenheit, Optimismus, Aufgeschlossenheit, Kontaktfreude, Geselligkeit, Selbstvertrauen, Wärme. Wirkt stimulierend, heiter, appetitanregend, erzeugt eine gelöste Atmosphäre und sorgt für Gemütlichkeit.

- Ideal für Küche oder Esszimmer. Hinweis: Wer abnehmen will, sollte diese Räume aufgrund der appetitfördernden Wirkung von Orange lieber mit einer anderen Farbe streichen, zum Beispiel Blau.
- Stärkt das Nervensystem. Wirkt anregend auf Magen, Schilddrüse und Lunge.

UMGEBEN SIE SICH MIT RUHIGEN, GEDECKTEN FARBEN, WENN SIE RUNTERFAHREN WOLLEN.

## ROT

Die Farbe des Feuers. Steht für Energie, Aktivität, Dynamik, Tatendrang, Vitalität, Liebe, Leidenschaft, Selbstvertrauen, erregt Aufmerksamkeit. Wirkt anregend auf Psyche und Körper, fördert den Appetit, Glücksgefühle und Libido. Macht Lust auf Arbeit und Bewegung.

- Rot ist die Signalfarbe. Trägt eine Frau ein rotes Kleid, ein Mann ein rotes Hemd oder – etwas dezenter, aber sehr wirkungsvoll – ein leuchtend rotes Tuch um die Hüften geschlungen, werden sie sofort alle Blicke auf sich ziehen. Hier schwingt stets ein Hauch von Verführung mit.
- Rottöne im Raum haben eine warme Ausstrahlung und erhöhen gefühlt die Raumtemperatur. Dort, wo man zur Ruhe kommen will, sollte man Rot nur sehr zurückhaltend einsetzen.
- Regt Stoffwechsel und Durchblutung an. Bei Rot steigt die Adrenalinausschüttung.

## ROSA

Eine Abstufung des kräftigeren Rots. Durch die Beimischung von Weiß wirkt Rosa weniger aggressiv und fordernd. Steht für Fröhlichkeit, Unbeschwertheit, Zartheit, Leichtigkeit, Einfühlsamkeit, Sinnlichkeit, romantische Gefühle. Wirkt besänftigend, aggressionsmindernd und harmonisierend.

- Rosa ist eine klassische »Mädchenzimmerfarbe«. Aufgrund ihrer freundlichen, hellen Ausstrahlung eignet sich diese Farbe auch für Wohnbereiche.
- Baut Verspannungen im Körper ab.

## VIOLETT

Farbe der Inspiration, Spiritualität und Mystik. Verkörpert den Ausgleich zwischen dem stimulierenden Rot und dem beruhigenden Blau. Steht für Kreativität, Außergewöhnlichkeit, Extravaganz. Wirkt angenehm, geheimnisvoll, verführerisch, feierlich und würdevoll.

- In Wohnräumen sorgt Violett für eine private, beruhigende Atmosphäre.
- Mindert den Appetit, wunderbar geeignet, um sich fallen zu lassen.

## BLAU

Die Farbe des Himmels und des Meers. Steht für Ruhe, Friedfertigkeit, Ausgeglichenheit, Zufriedenheit, stille Größe, Entspannung und Harmonie. Hat eine vertrauenerweckende, verlässliche, entspannende Ausstrahlung.

- Eine klassische Schlafzimmerfarbe, da man sich in blauen Räumen am besten regeneriert. Außerdem empfindet man so die Temperatur in der Regel um einige Grad niedriger, als sie tatsächlich ist.
- Diese Farbe wirkt kühl, beruhigend und blutdrucksenkend. Die Adrenalinausschüttung wird herabgesetzt, die Muskeln entspannen sich, der Puls wird langsamer.

*Unser Sehnerv ist mit dem Sehzentrum verbunden, das Farben als optische Erlebnisse registriert. Und ein Strang des Sehnervs führt zum Mittelhirn. Dieses verwandelt Farbeindrücke in Gefühle und führt zu Impulsen, die sich auf den Organismus auswirken.*

## GRÜN

Die Farbe der Natur, der Wiesen und Wälder. Steht für Hoffnung, Lebensfreude, Harmonie, Erneuerung, Naturverbundenheit, Sicherheit, Geborgenheit. Beruhigend, ausgleichend, stimmt positiv. Vereinigt das kühle Element von Blau sowie die Wärme von Gelb in sich. Hat eine freundliche Ausstrahlung, macht Lust auf Neues, fördert den Entdeckergeist und die Kreativität

- Grüne Räume wirken erholsam, regenerierend, geistig anregend und vitalisierend. Ideal für Wohn- und Arbeitsbereiche geeignet.
- Stärkt das seelische Gleichgewicht, Augen und Nerven, kann Blockaden lösen, wirkt harmonisierend auf den Organismus.

## BRAUN

Die Farbe der Erde. Vermittelt Verlässlichkeit, Stabilität, Beständigkeit, Sicherheit, Geborgenheit, Harmonie. Wärmend, beruhigend, ausgleichend, beschützend.

- Bei der Gestaltung von Räumen erzeugt Braun eine gemütliche, natürliche Atmosphäre und eignet sich somit für alle Wohnbereiche.
- Wirkt entkrampfend und ausgleichend.

GELB FÖRDERT DIE KREATIVITÄT, BLAU WIRKT BERUHIGEND, GRÜN STRAHLT HARMONIE AUS, ROT UND ORANGE BRINGEN ENERGIE.

## WEISS

Zählt so wie Schwarz und Grau zu den Nichtfarben. Steht für Reinheit, Spiritualität, Vollkommenheit, höchstes Bewusstsein, Unschuld, Ehrlichkeit, Ordnung. Kühl und frisch.

- Ist eine hervorragende Kombinationsfarbe. Kann andere Farben aufhellen oder neutralisieren. Wirkt manchmal allerdings zu nüchtern, zum Beispiel in Krankenhäusern, was zum Teil unterbewusst zu Stress und Mutlosigkeit führt. Daher werden viele Zimmer in Kliniken mittlerweile in Pastelltönen gestrichen.
- Klärt den Geist.

## SCHWARZ

Steht für Autorität, Macht, Kraft, Würde, Ansehen, zeitlose Eleganz, ist aber auch die Farbe von Tod und Trauer. Wirkt seriös, edel, schick.

- In den letzten Jahren haben schwarze und dunkelgraue Farbtöne zunehmend Einzug in Wohnungen gehalten. So werden sie zum Beispiel – häufig im Kontrast zu Weiß – gerne in Wohnzimmern und Küchen verwendet. Sie sorgen für klare Linien und eine reduzierte optische Gestaltung.

## GRAU

Steht für Intellekt, Wissen, Weisheit, Sachlichkeit und Kompromissbereitschaft (da es aus der Mischung von Schwarz und Weiß hervorgeht). Wirkt kontrolliert, konservativ, sorgt für Autorität.

- Wird bei der Raumgestaltung häufig als Hintergrundfarbe verwendet und lässt sich wunderbar mit anderen Farbtönen kombinieren.

# HÖCHSTE ZEIT FÜR FRISCHE FARBEN

Mal wieder einer dieser trüben Tage, an denen alles Grau in Grau erscheint? Kalter Herbstregen, Menschen die geduckt und mit hochgezogenen Schultern unter Regenschirmen auf der Straße entlangeilen? Dann ist es höchste Zeit, mit fröhlichen Farben etwas dagegenzusetzen.

Ziehen Sie aus dem Kleiderschrank etwas richtig schön Leuchtendes heraus, nutzen Sie die Energie der Farben – ob Rot, Orange, Gelb, kräftiges Grün oder strahlendes Türkis, Hauptsache Ihre Auswahl ist lebendig und bereitet Ihnen gute Laune. Und darüber kommt eine ebenso farbenfrohe Jacke.

Vor allem in den Herbst- und Wintermonaten sind die Menschen auf der Straße – bis auf wenige Ausnahmen – in dunklen Farbtönen gekleidet. Lassen Sie nur mal den Blick über eine Menschenmenge an einer Straßenbahnhaltestelle oder einer U-Bahn-Station schweifen. Sie werden mit großer Wahrscheinlichkeit nur wenige Farbkleckse darunter ausmachen.

Bekennen Sie Mut zur Farbe. Trotzen Sie dem Einheitsgrau, -braun und -schwarz, laden Sie sich gleich zu Tagesbeginn positiv mit Farbpower auf und laufen Sie beschwingt und energievoll durch Regen, Nebel und jedes andere ungemütliche Wetter.

*Heute ziehe ich meine rote Jacke an.*

*Schwarz ist immer noch die Modefarbe Nummer eins. Sie wirkt kultiviert und geschmackvoll, je nach Kleidungsstück auch lässig. Genießen Sie diese Ausstrahlung, wenn Sie etwas Schwarzes tragen, aber spielen Sie auch gezielt mit anderen Farben.*

# DIE MINIPAUSE – GENÜSSLICH GÄHNEN

*Gähnen kann so entspannend sein.*

Eine der kürzesten Minipausen ist das Gähnen. Kosten Sie Ihre Gähnmomente nach Möglichkeit aus. Am besten geht das natürlich, wenn Sie alleine sind. In Gesellschaft gilt es schließlich nach wie vor als unhöflich, den Mund weit aufzureißen, ohne sich die Hand davorzuhalten. Außerdem könnten Sie eine kleine Kettenreaktion bei Menschen in Ihrem unmittelbaren Umfeld auslösen, da offensives Gähnen sehr ansteckend wirkt.

Ungestört lässt sich aus diesem unwiderstehlichen Impuls eine kleine Dehnübung machen. Sobald er Sie überkommt, strecken Sie die Arme weit über den Kopf. Machen Sie den Rücken lang, lassen Sie bewusst Luft in Ihre Lungen hineinströmen und achten Sie darauf, wo Sie das Gähnen überall spüren, das sich wie eine unaufhaltsame Welle in Ihrem Körper ausbreitet. Geben Sie sich ganz diesem Moment hin und seufzen Sie nach Herzenslust wohlig dabei.

## GÄHNEN BEI DER ARBEIT

*Ihr Körper signalisiert Ihnen durch einen Gähnimpuls, dass der Kopf zu sehr raucht? Zeit, die Augen vom PC abzuwenden und für eine Weile in die Ferne zu blicken! Zeit, um sich zu strecken und zu räkeln, vielleicht sogar, um kurz aufzustehen, den Körper insgesamt zu lockern, das Fenster zu öffnen und frische Luft hineinzulassen.*

*Gähnen und sich dabei strecken ist das Natürlichste von der Welt. Bereits ein Fötus im Mutterleib reckt und streckt sich eifrig, während er gähnt.*

Während dieses kurzen Phänomens laufen erstaunlich viele körperliche Reaktionen ab:

Das Gähnen dehnt zum Beispiel Rachen, Kehlkopf, Nasenflügel und Bronchien und kann Blockaden in den Gehörgängen (Stichwort: Druckausgleich!) und der Luftröhre auflösen. Das Zwerchfell senkt sich, sodass die Lunge sich weiten kann. Blutdruck und Herzschlag erhöhen sich, und die Blutversorgung im Gehirn wird angekurbelt. Insgesamt hat diese körperliche Reaktion eine lockernde Wirkung. Je ungehemmter wir uns ihr hingeben dürfen, desto besser.

Und, wie sieht's aus – haben Sie beim Lesen dieser Seite gegähnt? Wie genüsslich war es?

*Noch immer gibt das Phänomen des Gähnens der Forschung Rätsel auf. So sind manche Wissenschaftler der Meinung, die zusätzliche Aufnahme kühler Luft diene dazu, die Temperatur des Bluts zu reduzieren und somit das Gehirn zu kühlen. Dafür spricht, dass die Gähnhäufigkeit bei niedrigen Temperaturen abnimmt. Auch bei sehr heißen Temperaturen ab 37 Grad ist dies der Fall, da die Körpertemperatur bei gleicher oder höherer Außentemperatur durch die Einatmung nicht gekühlt werden kann.*

*Andere sehen im Gähnen eine wichtige Funktion für das Sozialverhalten, die den Schlaf-Wach-Rhythmus einer Gruppe synchronisiert.*

# INNERLICH BADEN

Eine ausreichende Flüssigkeitszufuhr gehört nach wie vor zu den obersten Geboten für Gesundheit und Wohlbefinden sowie für einen klaren Geist. Und Wasser zählt zu den köstlichsten Getränken. Doch Wasser ist nicht gleich Wasser!

Nicht jedes Leitungswasser hat einen guten Geschmack und Mineralwässer führen aufgrund ihres unterschiedlichen Mineralstoffgehalts durchaus zu verschiedenen Empfindungen am Gaumen. So manches Wasser wirkt hart und dumpf. Enthält es Kohlensäure, so mögen manche Menschen ihr Blubbern nicht. Andere dagegen lieben gerade das prickelnde Gefühl im Mund, das durch die Kohlensäure erzeugt wird.

Beim Wassergenuss sollte in jedem Fall ein frisches und belebendes Gefühl auf der Zunge und am Gaumen entstehen. Überdies sollte es leicht den Rachen hinabgleiten. Wer nicht so gerne Wasser trinkt, hat seinen persönlichen Favoriten unter den Wässern möglicherweise nur noch nicht entdeckt.

*Wenn das Wasser aus der Leitung bei Ihnen zu Hause eine gute Qualität hat und Sie überzeugt, haben Sie Ihre ideale Quelle vielleicht schon gefunden. Andernfalls sollten Sie sich auf Ihre persönliche Wassersuche begeben und ein paar Sorten verkosten. Sensibilisieren Sie Ihren Gaumen. Machen Sie den Wassertest, probieren Sie sich durch und erleben Sie das Wassertrinken als sinnlichen Genuss oder inneres Baden, wie es Alexander Kluge in einem Interview so schön formulierte.*

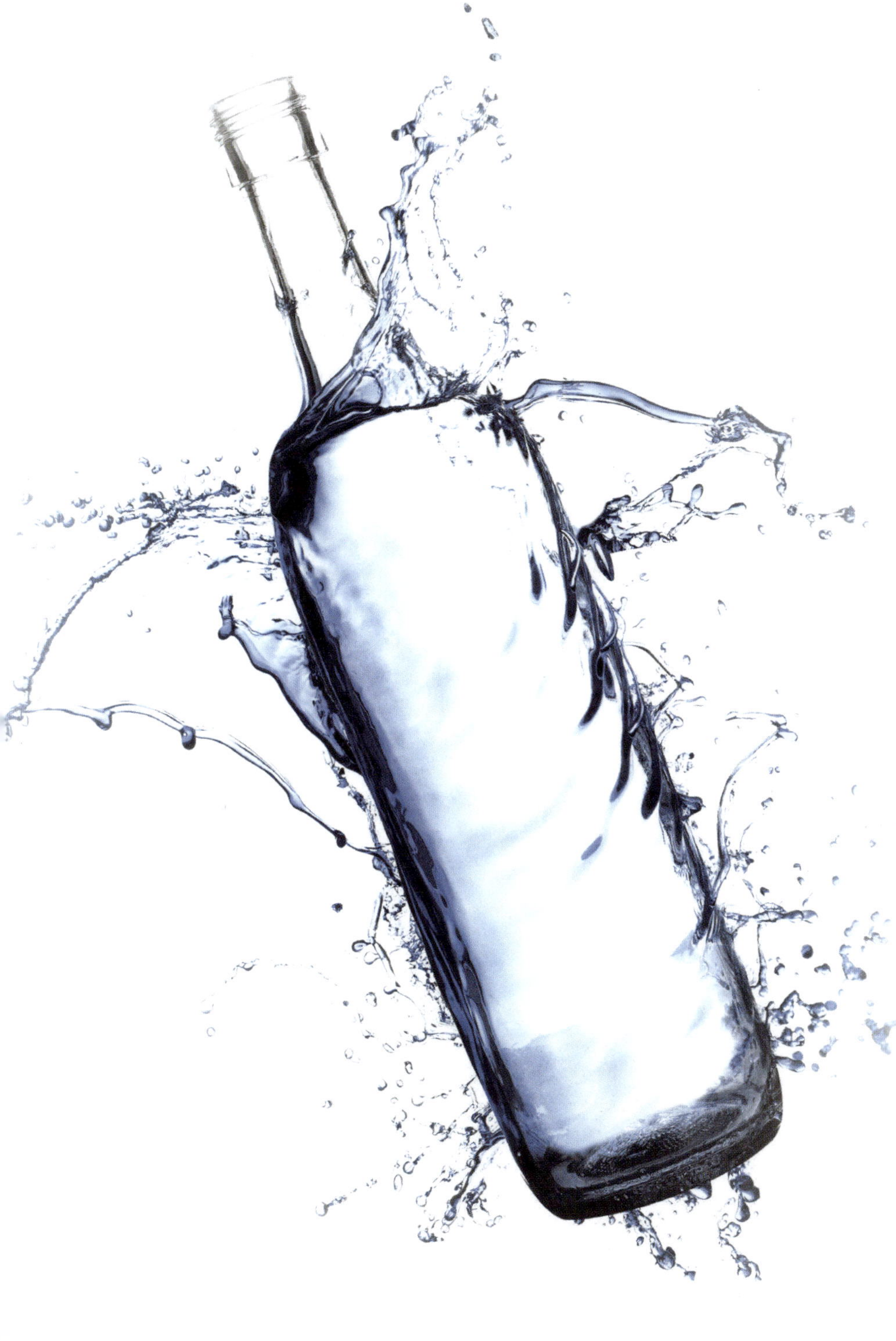

# DIE TRAUMINSEL

Wir Menschen verfügen über ein mächtiges Instrument, das keinerlei Grenzen kennt: Mit der Kraft unserer Vorstellung können wir uns innerhalb eines Moments an jeden Ort der Welt hindenken, uns alle möglichen Situationen ausmalen und sie mit Details und Atmosphäre füllen.

Kleine Traumreise gefällig? Mit der folgenden Visualisierungsübung beamen Sie sich in Ihr Traumparadies und machen gleichzeitig eine sinnliche Erfahrung.

*Nutzen Sie Ihre Fantasie, klinken Sie sich hin und wieder für fünf Minuten aus und reisen Sie in Sekundenschnelle an Ihre schönsten Traumorte.*

# VISUALISIERUNGSÜBUNG

Setzen oder legen Sie sich an einem ungestörten Ort bequem hin und schließen Sie die Augen. Atmen Sie ein paar Mal ruhig ein und aus. Stellen Sie sich dann Folgendes vor, während Sie regelmäßig weiteratmen:

Sie stehen an einem wunderschönen weißen Sandstrand auf Ihrer persönlichen Trauminsel. Die Wellen des Meeres rollen langsam heran und umspülen Ihre nackten Füße. Spüren Sie die Kühle des Wassers, die schmeichelnde Berührung an den Füßen und die Bewegung des Sandes unter Ihren Fußsohlen. Nehmen Sie die leichte Brise des Meereswindes in Ihren Haaren, Ihrer Kleidung und auf der Haut wahr. Lassen Sie Ihren Blick über das blaue Meer schweifen. Was sehen Sie? Ein Segelboot, das sanft auf den Wellen schaukelt? Einen Fischer, der von einem Boot aus seine Netze auswirft? Kinder, die fröhlich im Wasser herumplanschen? Lecken Sie sich mit der Zunge über die Lippen. Schmecken sie salzig? Wie fühlen Sie sich?

Je genauer Sie sich die Situation ausmalen, desto besser. Verweilen Sie, so lange Sie möchten, bei dieser Vorstellung und kehren Sie dann zu Ihrem Alltag zurück.

# SANFTE
# AROMATHERAPIE

Düfte spielen in unserem Leben eine zentrale Rolle. Sie können beruhigend, harmonisierend, anregend oder regelrecht betörend wirken. Darüber hinaus erfüllen sie bei der Partnersuche eine wichtige Funktion (wir müssen den anderen »riechen können«) oder etwa bei der Wahl unseres Essens.

HINWEIS: *Achten Sie bei der Verwendung ätherischer Öle auf eine hochwertige, reine Qualität. Wenden Sie sie stets verdünnt an, da sie als Konzentrat zu Haut- und Schleimhautreizungen führen können. Direkten Kontakt mit Augen und Schleimhäuten vermeiden! Erkundigen Sie sich stets genau über die jeweilige Wirkung. Einige ätherische Öle können bei falscher Anwendung schaden.*

Wir können die Vielfalt der Düfte nutzen, um uns in eine bestimmte Stimmung zu versetzen, unsere Konzentration zu fördern oder um nach einem anstrengenden Tag bewusst zu entspannen. Es gibt viele Varianten, um in den Genuss einer sanften Aromatherapie zu kommen, zum Beispiel Kräutertees, Massageöle, Duftlampen, Saunaaufgüsse oder Küchengewürze.

Ein sehr sinnliches Erlebnis ist ein wohliges Aromabad bei Kerzenlicht mit einem Duft Ihrer Wahl. Ob Lavendelblüten zur Entspannung, Rosmarin zur Stärkung der Nerven und Konzentration, verführerisches Sandelholz oder Rosenduftluxus. Einfach eintauchen und genießen.

*Düfte können die Hormonproduktion sowie das Immunsystem beeinflussen, Stress abbauen und das Wohlbefinden fördern.*

*Etwa ein Drittel aller Pflanzenfamilien enthält ätherische Öle. Diese dienen als Boten- und Informationsstoffe, als Pflanzenschutz, zur Temperaturregulierung und als Energiereserve.*

## ANREGEND

Eukalyptus, Ingwer, Lemongrass, Minze, Rosmarin, Salbei, Thymian, Ysop, Zimt, Zirbelkiefer, Zitrone, Zypresse

## ENTSPANNEND

Anis, Fenchel, Koriander, Lavendel, Nelke, Sandelholz, Vanille

## HARMONISIEREND

Bergamotte, Kamille, Melisse, Rose, Zeder

## SINNLICH

Jasmin, Patchouli, Sandelholz, Ylang-Ylang

Düfte können innerhalb eines Augenblicks versunkene Erinnerungen in uns wachrufen, Gefühle, Bilder und Stimmungen auslösen, die stark damit verknüpft sind.

Duftimpulse werden – im Gegensatz zu optischen oder akustischen Reizen – ohne Überprüfung oder Bewertung durch die Zellen der Großhirnrinde direkt an das limbische System weitergeleitet, dem Sitz der Emotionen. In diesem entwicklungsgeschichtlich sehr alten Hirnbereich aktiviert eine Duftinformation sofort eine Erinnerung und löst damit ein Gefühl aus. Daher wissen wir unmittelbar, ob wir einen Duft als angenehm oder unangenehm empfinden, je nachdem, mit welcher Erinnerung er verbunden ist.

Das limbische System ist die Schaltzentrale des vegetativen Nervensystems und steuert unter anderem Verdauung, Herzschlag, Körpertemperatur, Schweißbildung sowie unseren Schlaf. Funktionen also, die nicht unserem Willen unterliegen. Düfte können diese somit unmittelbar beeinflussen.

# DIE SINNESRAUSCH-LISTE

*Halten Sie Ihre sinnlichen Momente des heutigen Tages in der folgenden Liste fest. Welche Sinneserlebnisse möchten Sie sich morgen bescheren?*

# FLOW –
# FREI UND IM FLUSS

Gegen

Zielsetzungen

ist nichts einzuwenden,

sofern man sich dadurch

nicht von interessanten

Umwegen

abhalten lässt.

Mark Twain

# ENTFESSELTE **KREATIVITÄT**

*Kreativitätsblockade? Es fehlt die nötige Inspiration, um mit etwas anzufangen? Das haben wahrscheinlich alle großen Meister schon einmal erlebt. Ob Maler, Komponisten, Musiker, Autoren, Grafiker, Designer, Kunsthandwerker …*

Dann nichts wie los auf Inspirationssuche! Viele Dinge können unsere kreative Ader wecken, die Lust in uns entfachen, an einem Projekt weiterzuarbeiten oder etwas Neues in Angriff zu nehmen: eine gelungene Ausstellung im Museum, ein beeindruckendes Saxofonsolo im Jazzkonzert, eine seelenvolle Arie beim Opernbesuch, ein mitreißendes Musikfestival, ausgefallene

Keramik auf einem Töpfermarkt, faszinierende Fotos in einer Zeitschrift, ein bewegender Kinofilm, ein Gedicht, ein großartiges Buch, kunstvolle Kalligrafien, stundenlange Lagerfeuergespräche mit Freunden über Träume und Projekte, der Besuch eines Geschäfts für Künstlerbedarf, eines Stoffladens, einer Musikalienhandlung …

Lassen Sie sich inspirieren von Farben und Klängen, von Düften und Materialien, von Gedanken und Gefühlen, von der Natur und anderen Menschen und legen Sie dann frei und beherzt los. Leben und genießen Sie Ihre eigene Kreativität. Es kann so unendlich erfüllend sein.

*Wer im Flow ist und im eigenen Tun ganz aufgeht, vergisst die Welt um sich herum.*

# EIN ANDERER **BLICKWINKEL**

Nehmen Sie sich bei Gelegenheit ein paar Stunden Zeit dafür, die Welt aus einem anderen Blickwinkel einzufangen. Ziehen Sie mit einem Fotoapparat los und gehen Sie auf Motivsuche. Seien Sie experimentierfreudig. Wählen Sie ungewohnte Perspektiven und Bildausschnitte, spielen Sie mit Kontrasten, mit Licht und Schatten, komponieren Sie Ihre Bilder bewusst und mit Geduld. Richten Sie Ihren Fokus auf Dinge, die Sie so noch nie gesehen haben.

# HEUTE MAL KEINE SCHNELLEN SELFIES!

Wenn Sie Lust haben, bearbeiten Sie die gelungensten, ungewöhnlichsten oder witzigsten Fotos am PC nach. Selbst mit einfachen Bildbearbeitungsprogrammen lassen sich interessante Effekte erzielen.

Belohnen Sie sich am Ende und lassen Sie ein oder mehrere Lieblingsbilder tatsächlich entwickeln, anstatt sie lediglich in den endlosen Weiten des Computers zu archivieren.

*Eine wunderbar kreative Achtsamkeitsübung*

# **MOTIVATION** IST TRUMPF

*Enthusiasmus ist einer der stärksten Erfolgsmotoren …
Tun Sie etwas aus ganzem Herzen. Drücken Sie allem
Ihren Stempel auf. Seien Sie aktiv, voller Begeisterung
und Vertrauen, und Sie werden Ihr Ziel erreichen.
Nichts Großes wurde jemals ohne Enthusiasmus erreicht.*
RALPH WALDO EMERSON

Enthusiasmus und Motivation verleihen uns mehr als alles andere einen ungeheuren Energieschub. Sie können ungeahnte Kräfte in uns freisetzen und uns zu wahren Höhenflügen antreiben. Wenn wir bei unserem Tun das richtige Maß im Auge behalten, uns zwar fordern, aber nicht überfordern, kommt es erst gar nicht zu Stress und negativer Anspannung, sondern idealerweise zu einem erfüllenden Flowzustand.

# KONSTRUKTIVE **ZEITLIMITS**

***Wenn Sie Ihre Motivation kurzfristig steigern möchten, um bei einer Aufgabe oder einem Projekt vorwärtszukommen, können Sie folgenden Trick anwenden:***

- Setzen Sie sich eine knappe Frist, innerhalb derer Sie ein bestimmtes Ziel erreichen wollen. Geben Sie sich zum Beispiel eine halbe Stunde Zeit, um den ersten Entwurf einer Grafik anzufertigen, die Rohfassung eines Textes zu schreiben, die Grobstruktur eines Vortrags festzulegen, eine Marketingstrategie für ein neues Produkt zu entwickeln ... und nutzen Sie diese halbe Stunde dann bestmöglich aus.

- Legen Sie fokussiert und voller Elan los. Betrachten Sie die Situation wie einen kleinen Wettkampf mit sich selbst. Spornen Sie sich innerlich an. Es geht nicht darum, bereits etwas Perfektes abzuliefern. Sammeln Sie vielmehr Ideen, nutzen Sie Ihren kreativen Geist, lassen Sie die Gedanken frei fließen.

- Wenn die halbe Stunde vorbei ist, sollten Sie sich eine Pause gönnen und sich etwas Gutes tun. Vom Schreibtisch aufstehen, Glieder strecken, Yogaübungen machen, frische Luft schnappen, Tee trinken, Lieblingssnack naschen ...

- In einem zweiten Schritt dürfen Sie Ihr Werk dann gerne kritisch überarbeiten. Sie werden überrascht sein, wie effektiv diese Methode sein kann.

*Für manche Aufgaben ist ein Mikro-Zeitrahmen von nur fünf Minuten genau das Richtige. Probieren Sie aus, was für Sie am besten funktioniert.*

## MOTIVATION KOMMT VOR DEM FLOW

# ZEIT FÜR BRIEFE

Es hat was, hin und wieder auf das schnelle Tippen auf der Tastatur zu verzichten und sich beim Schreiben richtig Zeit zu nehmen. Vor allem, wenn Sie einen besonderen Brief an einen lieben Menschen schreiben wollen. Die Worte aus der Feder fließen lassen, an die Person denken und sich ganz dieser einen Sache widmen.

*Wer sich nicht nur für den Brief Zeit nehmen, sondern auch noch auf anderer Ebene kreativ werden will, kann zum Beispiel eine Karte selbst gestalten, den Briefumschlag bemalen oder selbst geschöpftes Papier herstellen.*

## RETRO ODER EINFACH NUR SCHÖN?

*In Zeiten, in denen so gut wie jeder täglich mit endlos vielen E-Mails überhäuft wird, gehen auch besondere Mails leicht unter. Die Empfänger sind womöglich durch die zahlreichen anderen Nachrichten in ihrem Eingangspostfach gestresst, sie klicken sich schnell hindurch und nehmen es nur am Rande wahr, wenn eine Nachricht mit einer liebevollen Botschaft sie erreicht. Wie viel erfreulicher ist es da, einen richtigen Brief zu bekommen. Auf ansprechendem Briefpapier, vielleicht sogar mit einem Füller geschrieben, in fein geschwungener Schrift …*

*Malen Sie die Buchstaben aus und lassen Sie sich dabei von dem Gefühl, der Energie und Kraft des Wortes erfüllen.*

# DIE INSPIRATIONS-LISTE

*Und hier ist Platz für all die Dinge, bei denen Sie Ihre Kreativität entfalten können, die Sie inspirieren und/oder bei denen Sie in einen Flow kommen. Halten Sie alles fest, was Ihnen einfällt. Auf dieser Liste dürfen natürlich auch Dinge stehen, die Sie noch nie gemacht haben, aber gerne einmal ausprobieren würden.*

# DER WEG
# DES HERZENS

Jeder von uns sieht das
in anderen Menschen,
was er selbst
im Herzen trägt.

*Ralph Waldo Emerson*

# **GLÜCKLICH** MIT ANDEREN

*Wirklich gute Freunde sind Menschen,*
*die uns ganz genau kennen und trotzdem zu uns halten.*
MARIE VON EBNER-ESCHENBACH

Im Grunde wissen wir alle, was die moderne Glücksforschung bestätigt: Ein stabiles soziales Netz ist einer der wichtigsten Faktoren für Glück und Zufriedenheit und damit für unsere innere Balance. Nichts ist so wertvoll wie die Zeit, die wir mit vertrauten Menschen verbringen, in der wir schöne Erlebnisse mit anderen teilen, gemeinsam scherzen und lachen oder staunen. Kaum etwas ist so stärkend und trostvoll wie Momente, in denen ein anderer uns anteilnehmend zuhört, uns seine Unterstützung anbietet oder uns einfach liebevoll in den Arm nimmt oder freundschaftlich auf die Schulter klopft. Und kaum etwas ist erfüllender, als selbst auf andere zuzugehen, ein offenes Ohr für sie zu haben und ihnen bei Bedarf helfend unter die Arme zu greifen.

*Pflegen Sie Ihre Beziehungen zu Freunden und Familie achtsam und gehen Sie grundsätzlich mit einer offenen, zugewandten Haltung auf andere Menschen zu.*

*Wer gerne für andere Menschen da ist und ihnen hilft, kennt das sogenannte »Helper's High«, ein Glücksgefühl, das die eigene Energie fördert und letztlich zu größerer Ausgeglichenheit führt, da der Helfende sich durch die Ausrichtung auf andere nicht ständig auf seine eigenen Sorgen konzentriert.*

# VERSCHENKEN SIE **EIN LÄCHELN**

*Fremde sind Freunde,*
*denen wir nur noch nicht begegnet sind.*
IRISCHES SPRICHWORT

Erinnern Sie sich an eine Situation, in der ein fremder Mensch Sie im Vorbeigehen unvermittelt angelächelt hat? Haben Sie sein Lächeln erwidert? Und wissen Sie noch, wie es sich anfühlte? In solchen Momenten kann uns mit einem Mal eine Woge der Wärme durchströmen. Von einer Sekunde auf die andere macht unser Herz einen freudigen Satz, und in unserem Inneren geht quasi die Sonne auf.

Nehmen Sie sich hin und wieder bewusst vor, anderen Menschen ein Lächeln zu schenken. Ob Freunden, Arbeitskollegen, Ihrem Sitznachbarn in der U-Bahn oder einem Passanten, dem Sie zufällig auf dem Bürgersteig begegnen. Achten Sie darauf, welche Gefühle in Ihnen ausgelöst werden, wenn der andere zurücklächelt. Wenn Sie sich dafür öffnen, können Sie mit Leichtigkeit eine Verbindung herstellen, die Ihrem Gegenüber sowie Ihnen selbst gut tut.

*Unsere Mimik hat einen unmittelbaren Einfluss auf unseren Hormonspiegel. Wenn wir lächeln, wird das Glückshormon Dopamin im Gehirn ausgeschüttet. Es fördert unter anderem unser Wohlbefinden, die Lebensfreude und Konzentration sowie körperliche Heilungsprozesse und stärkt das Immunsystem.*

KOCHEN
MIT
FREUNDEN

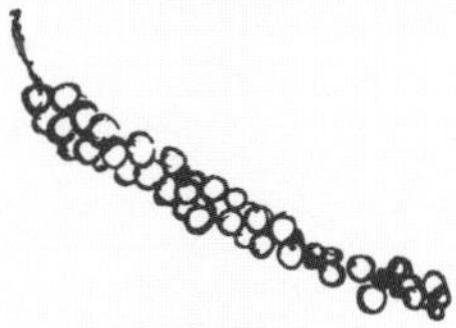

*Wer bereitet schon gerne ein mehrgängiges Menü für sich alleine zu? Gemeinsam ist es viel lohnender und macht mehr Spaß. Außerdem ist es eine gute Gelegenheit, Freunde zu treffen und eine anregende Zeit miteinander zu verbringen.*

Interessante Rezepte raussuchen, gezielt all die Zutaten dafür besorgen, sie gemeinsam verarbeiten und anschließend ausgiebig genießen. Das ist alles andere als eine »lästige Küchenpflicht«. Zusammen kochen macht kreativ, fördert die Kommunikation und die Laune. Die Arbeit geht leicht von der Hand, man kann sich Tipps und Tricks von den anderen abschauen und lernt zudem kulinarische Varianten kennen, auf die man selbst nie gekommen wäre.

Jeder Teilnehmer oder jede Gruppe (falls Sie mit sehr vielen Freunden kochen) ist für einen Gang zuständig. Das fängt schon beim Einkaufen an. Natürlich können Sie die Vorspeisen, Salate, Hauptspeisen und Desserts auch gemeinsam zubereiten. Eine Person sollte aber die Regie übernehmen und darauf achten, dass die verschiedenen Gänge in der richtigen Reihenfolge und in etwa zur passenden Zeit fertig werden. Und ansonsten gilt: Mut haben zum wohlorganisierten Chaos, Experimentierfreude walten lassen und nach Herzenslust schlemmen.

*Wenn wir jemanden umarmen,
wird das Hormon Oxytocin ausgeschüttet.
Es stärkt die gegenseitige Bindung, baut
Stress und Ängste ab, wirkt blutdrucksenkend
und fördert das Gefühl der Geborgenheit.*

# HEUTE SCHON
# **JEMANDEN UMARMT?**

Wir Menschen sind soziale Wesen und körperliche Nähe ist Nahrung für unsere Psyche und unsere Seele. Zeigen Sie Angehörigen oder Freunden öfters mit einer Umarmung, dass Sie sie schätzen und mögen.

In verschiedenen Ländern wird seit Mitte der Achtzigerjahre jeweils am 21. Januar der »National Hugging Day« begangen, an dem selbst fremde Menschen einander herzlich umarmen (beiderseitiges Einverständnis natürlich vorausgesetzt). Auch in Deutschland wird dieser Tag gefeiert und als »Weltknuddeltag« bezeichnet. Er soll die Menschen daran erinnern, ihre Zuneigung, Liebe und Dankbarkeit gegenüber anderen offener zum Ausdruck zu bringen und ihnen warmherziger zu begegnen.

*Der kurze Moment einer Umarmung sagt manchmal mehr, als viele Worte es je könnten, und er hat eine überaus wohltuende Wirkung auf die Beteiligten.*

# VERZEIHEN KÖNNEN

Eins der größten Geschenke, die wir uns selbst machen können, ist, anderen zu verzeihen. Wer verbittert ist und feindselige Gefühle hegt, schadet sich selbst am meisten damit, denn es bedeutet, weiterhin an der eigenen Wut, Enttäuschung oder Verletztheit festzuhalten und sich letztlich davon dominieren zu lassen.

Entwickeln Sie eine verständnisvolle, mitfühlende Haltung. Erkennen Sie, dass wir alle fehlbar und manchmal aufgrund unserer eigenen Begrenzungen blockiert sind. Seien Sie nachsichtig mit anderen, aber auch mit sich selbst und verzeihen Sie sich Ihre eigenen Schwächen und eventuelles Fehlverhalten.

Wer sich selbst voller Verständnis annimmt, entwickelt eine größere Gelassenheit und Toleranz und kann überdies leichter auf andere zugehen und sich mit ihnen versöhnen. Dies ist der heilsame Weg des Herzens.

*Das Mitgefühl mit uns selbst schenkt*
*uns das Vermögen, die Verurteilung in Vergebung*
*zu verwandeln, den Hass in Freundschaft und*
*die Furcht in Respekt vor allen Lebewesen.*
JACK KORNFIELD

# DER WELT **WOHLWOLLEND** BEGEGNEN

In seinem Buch *Du bist der Schöpfer jedes Moments. Zen und die Kunst, sein Glück in die eigene Hand zu nehmen* erzählt der Autor und Mitbegründer des Passages Substance Abuse Treatment Centers im kalifornischen Malibu, Chris Prentiss, eine schöne Geschichte, die zeigt, wie einfach es sein kann, anderen Menschen offen zu begegnen und selbst viel dabei zu gewinnen:

Als Prentiss eines Tages sein funkelnagelneues rotes Auto für einen kurzen Moment auf der Straße vor seinem Haus geparkt hatte, sah er beim Herauskommen, dass ein alter VW-Bus sein Auto gerade am vorderen Kotflügel schrammte. Der Fahrer, der in Begleitung seiner Frau und seines kleinen Sohnes war, stieg mit hängendem Kopf aus und blickte sehr verzweifelt drein. Prentiss vermutete, dass er finanziell nicht gerade gut gestellt war und sich Sorgen über die Reparaturkosten machte. Anstatt wütend zu werden und zu schimpfen, ging er lächelnd auf den Mann zu und sagte zu ihm, der Kratzer sei perfekt und genau das, was seinem Wagen noch gefehlt habe, da er sich ab sofort keine Gedanken mehr über weitere Schrammen an dem Auto machen müsse. Der Fahrer des VW-Busses konnte es zunächst gar nicht glauben, aber als Prentiss ihm versicherte, dass alles in Ordnung sei, und ihm noch einen schönen Tag wünschte, war er unendlich erleichtert und dankbar.

Den Kratzer hat der Autor übrigens nie ausbessern lassen, da dieser ihn stets an die Freude des VW-Bus-Fahrers erinnern sollte, sowie daran, wie sehr es von seiner eigenen Einstellung abhing, welche Bedeutung er bestimmten Ereignissen in seinem Leben gab.

*Wer lächelt, statt zu toben, ist immer der Stärkere.*
JAPANISCHE WEISHEIT

Üben Sie sich, soweit wie möglich, in Gelassenheit. Versuchen Sie, die kleinen alltäglichen Katastrophen ins richtige Verhältnis zu setzen und sie nicht über die Maßen zu dramatisieren. Und machen Sie sich darüber hinaus bewusst, wie erfüllend es für Sie selbst sein kann, anderen Menschen wohlwollend zu begegnen und ihnen eine Freude zu bereiten.

Helfen Sie jemandem beim Parkscheinautomaten mit etwas Kleingeld aus, wenn er gerade zu wenig dabei hat. Lassen Sie einen Kunden an der Supermarktkasse vor, wenn Ihr Einkaufswagen voll ist, der andere aber nur ein paar wenige Artikel bezahlen muss. Oder unterstützen Sie andere beim Kauf eines Tickets am Fahrkartenautomaten, wenn diese offensichtlich Probleme damit haben. Vielleicht entdeckt eine Freundin ein hübsches Tuch in Ihrem Kleiderschrank und legt es sich probehalber um. Was für eine Gelegenheit, ihr zu sagen, wie gut es ihr steht, und es ihr mit den Worten zu schenken: »Mein Kleiderschrank ist ohnehin viel zu voll.«

*Gehen Sie aufmerksam durch die Welt und lassen Sie sich hin und wieder nette Kleinigkeiten einfallen.*

Manchmal empfinden wir unser ach so geregeltes, geordnetes Leben mit all den festen Strukturen als einengendes Korsett, das uns zu wenig Möglichkeit zu Spontaneität und Übermut bietet. Hin und wieder tut es gut, etwas unangepasster, ja ein bisschen verrückt zu sein. Die Leichtigkeit des Seins zu spüren und nicht ständig darüber nachzudenken, ob etwas in letzter Konsequenz sinnvoll ist oder nicht. Leben Sie Ihre spielerische Seite, tun Sie, worauf Sie Lust haben, und ignorieren Sie die »vernünftige«, strenge innere Miesmacherstimme, die Ihnen sagt, Sie seien zu kindisch, zu sprunghaft oder zu sonst etwas. Folgen Sie gelegentlich Ihren spontanen Launen und lassen Sie sich witzige, alberne, befreiende Dinge einfallen, die Sie beizeiten – wenn die Gelegenheit günstig ist – einfach mal ausprobieren.

*Du kannst nicht auf das Meer hinausfahren, indem du bloß auf das Wasser starrst.*
RABINDRANATH TAGORE

## HIER EIN PAAR ANREGUNGEN:

*Sandburgen am Strand bauen und warum nicht gleich ein paar Luftschlösser dazu?*

*Ein Hotelzimmer in der eigenen Stadt buchen und sich so richtig verwöhnen lassen.*

*Mit Freunden auf einem Spielplatz um die Wette schaukeln. Wer fliegt am höchsten?*

*Wieder Kind sein – Drachen steigen lassen.*

*Schwungvoll mit beiden Füßen mitten in eine Pfütze springen.*

*Im Regen auf der Straße singen.*

*Fingernägel lackieren – jeden in einer anderen Farbe.*

*Spontan verreisen – nach Venedig, Kopenhagen, Balkonien ...*

*Carpool-Karaoke im Auto veranstalten. Das heißt: Mit anderen Mitfahrern laut zu Lieblingssongs mitgrölen (kann man natürlich auch für sich alleine machen, aber gemeinsam ist es lustiger).*

*Sich mit einer Gruppe von Leuten eine Schlammschlacht am Baggersee liefern.*

*Mit einer Trommel losziehen und in einem Park alleine oder gemeinsam mit Gleichgesinnten ungezwungen drauflostrommeln.*

*Beim Mondscheinspaziergang mit Freunden im Wald »mit den Wölfen heulen«. Jaulen Sie in höchsten Tönen den Mond an. Vielleicht bekommen Sie ja eine Antwort aus dem Wald zurück.*

# DIE LISTE DER TRÄUME

*Welche Herzenswünsche haben Sie? Wovon träumen Sie?
Welche Dinge davon möchten Sie tatsächlich verwirklichen?
Was möchten Sie alleine und was mit anderen Menschen
gemeinsam tun/erleben?
Halten Sie alles in der Liste fest und ergänzen Sie diese,
wenn Ihnen etwas Neues einfällt.*

# DANK

Ich danke Katharina Festner von dtv für die überaus hilfreiche und zuvorkommende Betreuung dieses Projekts sowie Sabine Kwauka für die großartige Zusammenarbeit und ihre wunderbaren kreativen Ideen bei der Gestaltung des Buchs.

Herzlichen Dank auch an Lisa Antretter und Peter für ein Gespräch vor gefühlt 20 Jahren, in dem sie mir von der Philosophie des »SEGELNS« erzählten, an Lydia Weinberger für den schönen Begriff der »Sommerfüße«, an Berenike Berens, die mich auf die Spur der kyBoots gebracht hat, an Simone Wolters für die Erinnerung daran, alle Probleme dieser Welt mit einer Tasse Tee zu lösen, sowie an Brigitte Wohlmacher für die Anregung, »mit den Wölfen zu heulen«.

Ein besonderer Dank geht an meinen Steuerberater Wolfgang Fröhlich aus Geretsried für die stets anregenden Gespräche über die Welt und das Leben sowie für die kompetente, persönliche und geduldige Unterstützung und an Werner Vogt für den konstruktiven Input im vergangenen Jahr.

Sehr herzlich bedanke ich mich auch bei der Bäckerei Vogl aus Entschenreuth. Sie bietet einen großartigen Service und beliefert viele Menschen auf dem Land frühmorgens mit außergewöhnlich leckeren, knusprigen Semmeln. Ich freue mich immer wieder darüber, wenn ich mein Frühstück während eines Aufenthalts im Bayerischen Wald vor der Haustür im Semmelbeutel vorfinde.

Überaus dankbar bin ich meiner Familie und meinen Freunden, von denen ich mich getragen fühle und die mir im Zusammensein immer wieder neue Ideen liefern, die in meine Bücher einfließen.

# BILDNACHWEIS

Alle verwendeten Bilder sind aus dem Bildarchiv www.shutterstock.com:
URLAUB • S. 11: Helga Wigandt; Bariskina • S. 12/13: Roman Malyshev; schab • S. 14/15: ecco; Amma Shams • S. 16/17: Petrov Stanislav; leolintang; Stephanie Frey; Ingrid Balabanova; Dora Zett; Sofiaworld; cristatus; Robert Przybysz; Zoom Team • S. 18/19: Petrov Stanislav; leolintang; pavla; asharkyu; cristatus; prapann; Andrea Paggiaro; Atstock Productions; Tatiana Mihaliova; Yulia Grigoryeva; ChiccoDodiFC • S. 20/21: Bonitas S. 22/23: Eisfrei • S. 24/25: Lorelinka; Svetlana Okeana • S. 26/27: lupulluss; ArtMari; VladisChern; Popmarleo • S. 28/29: Kudryashka • S. 30/31: Fandorina Liza; moonkin; lalan; losw • S. 32/33: moonkin • S. 34/35: Billion Photos; Linusy; Memoru; Ksu Ganz • S. 36/41: natalia maroz; Benguhan • S. 42/43: smilewithjul • ACHTSAMKEIT • S. 45: Bariskina • S. 46/47: plearn • S. 48/49: Fona • S. 50/53: E. Spek; blue67design; julijamilaja; Digiselector; Reinke Fox; anastasiaromb • S. 54/55: fotohunter; Yulianka • S. 56/57: antart • S. 58/59: Greg and Jan Ritchie; Marina Shevchenko; Svetlana Ivanova • S. 60/61: Natinka • S. 62/63: kkays2; Vaclav P3k • S. 64/65: alinabel • S. 66/67: ImHope • S. 68/69: AllAnd; cristatus • ALLTAG • S. 71: mirrelley • S. 72/73: Jozef Sowa; Physicx • S. 74/75: roberaten • S. 76/77: F_studio; Nairina • S. 78/79: Tetiana Dziubanovska • S. 80/83: acid2728k; UniqueLight; Egorich • S. 84/85: Ludmila Marchenko • ENERGIESCHUB • S. 87: Bariskina • S. 88/89: Bariskina • S. 90/91: Anastasia Zenina • S. 92: ellepigrafica • S. 94/95: april70; Bojanovic; majivecka • S. 96/99: Verbena; Azuzl; La Gorda; Artemida-psy; Norwayblue; eveleen • S. 100/103: Drakonova; Benguhan; Anna Khramova • S. 104: tassel78; mixform design • S. 106/107: Pim; Artnis; Chantal de Bruijne • S. 108/109: Pim; Anastasia Nio; Tina Bits • S. 110/111: elenabsl; VeZ; Rin Ohara • S. 112/113: nafanya241 • S. 114/115: StacyNineriver; Olli_may • S. 116/117: Dasha Stepicheva • RESET • S. 119: Helga Wigandt; Bariskina • S. 120/121: Kulik Oksana • S. 122/123: welcomia; AKaiser • S. 124/125: LeksusTuss • S. 126/127: mypokcik • S. 128: Markovka • S. 130/131: Petr Vaclavek • S. 132/133: lozas; Spreadthesign • S. 134/135: JKI14 • S. 136/137: vividvic • S. 138/139: AnastasiaSonne • SINNE • S. 141: Bariskina • S. 142: Danussa • S. 144/145: lyeyee • S. 146/147: JKI14 • S. 148: harmonia_green • S. 149/153: Azuzl • S. 154/155: Denis Cristo • S. 156: jesadaphorn • S. 159: Denizce • S. 160/161: avian • S. 162/165: iravgustin; Seamartini Graphics; Ola-la; Arefyeva Victoria; Adelveys; Anastasia Zenina; Katflare; Kotkoa • S. 166/167: Maxim Kovich • FLOW • S. 169: Helga Wigandt; Bariskina • S. 170/171: sidmay • S. 172/173: K. Sweet; -strizh- • S. 174/175: ps-42; Poprotskiy Alexey; Jitka Volfova; Mikhail Starodubov; Sergey Toronto; Billion Photos; Roxana Bashyrova; successo images; silvia_bobo; Eugene Sergeev; leolintang • S. 176/179: Drawn Keeper; Eky Studio; LHF Graphics • S. 180/181: oriontrail; Bojan Mirkovic; Nairina • S. 182/183: Matvienko Vladimir • S. 184/185: Actor • HERZ • S. 187: Helga Wigandt • S. 188/189: ninanaina; Attitude • S. 190/191: Ivankov; ecco • S. 192/193: Anastasia Zenina; PinkPueblo • S. 194/195: La puma; Afishka • S. 196/197: Iricat • S. 198/199: Depiano • S. 200: helgascandinavus; Astronight • S. 202/203: Lena Pan ; Rachael Arnott • S. 204/205: Evgeny Karandaev.

Freiheit mit Fahrrad S. 14

Klarheit entwickeln S. 122